U0044842

全集中！
財富自由的呼吸法！

我如何從虧損 **100** 萬
轉變成被動收入每月 **5** 萬以上 ！？

這本書包括以下
理財投資法

現金流管理/ 理財投資/
價值投資/ 股權投資/
Fintech（AI投資
機器人/ P2P金融/
區塊鏈 & 虛擬幣）

2021年～
你絕對不能錯過的絕佳理財精典書籍
理財上班族Aaron理財逆轉勝故事
最棒 老師/課程/產品 分享

八個理財名師： 狄驤、Spark、好葉、林俊洲、Thomas、洪福、吳宥忠、羅德

陳詩元/編著

財富自由的呼吸法 十大招式

約 8:32

你們必認識真理，真理必叫你們得以自由。

莫忘初衷，幫助孩童，每一本書捐出 5 元至世界展望會

盼望有更多朋友認養孩童

目錄

按部就班，才是成功最快的捷徑

　　資本主義說穿了，就是一場大型的金錢與心理遊戲，不論是我，或是此書作者 Aaron，又或是正在看推薦序的你，都是這場遊戲的玩家，如果你不懂遊戲規則，那麼，你很快就會被淘汰出局，變成生活在最底層的人。

　　所幸的是，資本主義最公平的地方，就是只要你肯用心練功，破解遊戲規則，你也可以擺脫被資本主義奴役，以及每天過著窮忙生活的命運。

　　如果你賺錢的速度比不過國家印鈔的速度，那麼漸漸的，你就會因為購買力不斷降低，從這場遊戲中被淘汰，因此，學會「投資理財」，這門每個人一生都該到用的學問，就是遊戲規則之一。

　　但所謂的投資理財，絕不是聽信理專的話術，又或是看到網路上有甚麼「快速賺錢法」，就被貪婪蒙蔽雙眼，傻傻地把錢投入其中。

　　世界上沒有不勞而獲的事情，如果有的話，那只是你還沒發現被隱蔽的陷阱而已。

相信我，投資靠自己，才能成為錢的主人。切記，按部就班，一步一步穩紮穩打的練功，才是成功最快的捷徑，

值得慶幸的是，如果你是投資小白，或對資本主義一竅不通的人，那恭喜你，這本書非常適合你，因為本書的作者 Aaron，將會分享他從被資本主義奴役，到變成透析遊戲規則，掌握人生選擇權，成為高級玩家的過程。

因此，用心把這本書看完，汲取 Aaron 的經驗和心路歷程後，你在未來就能少繳一些，很多人在資本市場中被迫繳出的金錢與心理學費。

這本書，就是能帶領你脫離資本主義奴役，成為金錢主人的藥引，希望看完這本書的讀者們，也可以像 Aaron 一樣，建立起適合自己的投資理財方式，達到財富自由。

YouTube No. 1 的中文個人成長頻道 & 好葉學院 校長 BetterLeaf 好葉 推薦序

是什麼驅使一個人達到財富自由,是人脈?知識?資源?還是運氣?。這些都沒有錯,但我覺得最先決的條件就是一個人的"學習力",而這一點我在 Aaron 身上就充分的感受到。在遇到投資困境,因一次疫情的影響,損失了過去 8 年所積累的投資收益。但他並沒有一蹶不振,而是發揮最關鍵的"學習力",一次吸收了 7 位導師的投資經驗和心法,並總結成了這一本書。

最重要的是,在他的投資學習筆記裡面,我可以看到他並不是簡單學過就好,而是每一個要點都有非常仔細的揣摩和實踐。在加入課程後的投資表現更是讓人驚艷,短短幾個月就獲利超過 20%...

　　為了更好的收入來源，我們用了人生大半時間在學習工作所需的專業，多數人卻沒有沒意識到，我們這一生都跟金錢有關，在退休後，我們都還是要使用金錢，但我們用了多少時間在學習金錢的知識呢？

　　學習投資理財的財商知識，比起過去更容易，卻也更不容易。投資理財在網路時代因為資訊量爆炸，讓想要投入的朋友們可以非常容易開始蒐集到相關資訊，這讓我們入門變的非常容易，但同時在這個資訊量爆炸的時代，辨識資訊的能力變得非常重要，資訊不僅僅是文字，資訊也有品質跟價值之分，若是無法辨別資訊的品質跟價值，反而會讓我們在學習財商知識的過程中繳出更多的學費。

　　資本主義造就了一個考驗我們自身能力跟耐力的遊樂場，這個遊樂場構成了我們所在的社會，遊戲規則由各國政府來制定，了解遊戲規則的人懂得如何從遊戲中勝出，不了解遊戲規則的人終其一生都被困在遊戲裡不自知，因此，自我提升一直都是最好的投資，特別是為了我們終身都需要使用的財務知識。

　　當我們牙齒痛的時候我們會找牙科醫生，當我們眼睛不舒服的時候會找眼科醫生，當我們有法律問題的時候我們會找相關的律師，那麼當我們要學習財務知識的時候要找誰呢？實際上我們應該要找在財務上有所成就的人，至少要比我們高出幾個水準，才有辦法學到有效的知識少走彎路，不過人們通常選擇問身邊的親朋好友，並詢問他們是否真實、是否可行、有什麼看法等等，如果親朋好友是在財務成就上高出我們好幾個水準的人，我們應該有機會得到正確答案，但很遺憾卻總是事與願違。

　　在財務知識上，我們應該向在財務上有所成就的人學習，我很榮幸能為在財務上有所成就的 Aaron 寫推薦序。在學習投資理財的過程中，其實就像尋寶探險一樣，要預防可能發生的風險，並四處尋找屬於我們自己的寶藏，這條路不會太平順，過程中會帶點刺激，可能會遇到同行的夥伴，也可能會遇到折返的人們，折返的人們會告訴很多人前面很可怕、很危險、不要過去等較不樂觀的話。我看過太多放棄的人，很多時候他們都離終點不遠，打敗他們的是他們自己，因為沒有人可以強迫我們放棄。

　　身為讀者很幸運，當你開始閱讀這本著作，我相信你能走到最後，Aaron 是一位思想正面樂觀、目標明確、擁有積極執行力且有虔誠信仰的人。他本身就是一個從上班族到投資理財後人生逆轉勝的精采故事，他找到了屬於自己的資產配置方式，Aaron 的投資理財方式值得所有要踏入投資理財的人了解，相信讀者們也能透過這本著作，幫自己達成財富自由。

2021.04.16 林俊洲

　　我很早就開始接觸投資，在我還在念大學的時候我就嘗試自己進行投資的研究，投資學又是我特別喜歡花時間鑽研的科目，我常覺得投資和人生有許多的道理跟哲學是共通的，我認為要學習好投資第一件事情就是要先學習失敗。

　　你要不就是從別人那裡學習別人怎麼失敗的，或者是你要自己經歷失敗來從中學到失敗。

　　你會選擇哪一個？

　　但，學了別人怎麼失敗就不會自己經歷失敗嗎？

　　絕對不是，自己經歷失敗是絕對與必然的。

　　既然如此，何必要學習別人的失敗？

　　因為事先學習別人如何失敗可以讓你在遇到失敗時，很快的認知到失敗，而不會死不認錯，造成無法挽回的地步。

　　那麼，投資可以完全不要經歷失敗嗎？

　　這是一個好問題。

　　我與 Aaron 第一次的談話是約 4 年前在 Messenger 上面，他在我的粉絲頁留言，表達對我的 iRobot 人工智慧自動投資機器人的興趣，他的語氣謙和有禮但又讓人感受到他對投資的熱情，當時我們的投資門檻是 300 萬台幣，雖然他當時手上的可投資金沒有這麼多，但還是表達了非常渴望有機會能夠使用我們的 iRobot，這讓我對這年輕人留下了非常深刻而且好的印象。最終在去年我們公司開幕的特別優惠機會下，Aaron 終於成為我們的私募合夥人之一。

《全集中！財富自由的呼吸法！》這本 Aaron 所撰寫的書，你可以把它當作是一本追尋財富自由工具書，也可以把它看作是 Aaron 的投資筆記，更可以把它當作是 Aaron 的人生由跌倒再奮起的奮鬥故事。

iRobot 人工智慧自動投資機器人適合三種人：

1. 完全不懂投資

2. 沒有時間投資

3. 投資老是賠錢的人

因為這是一種穩健的投資工具，與 Aaron 的財務目標與投資觀念非常契合，很高興 Aaron 把 iRobot 納入為他的財務自由計畫的一個關鍵工具，就像我在我的 Podcast 節目上說的，iRobot 就像是一個你聘請的員工，只是它不用睡覺，不需吃飯，從來不會抱怨，每天為你 24 小時，365 天的工作，為你的財富累積開拓另一條生產線。

非常榮幸 Aaron 邀請我參與寫推薦序，讓我也能夠在 Aaron 的奮鬥人生中軋上一角。

2021.03.01 By Thomas

Aaron 與我在 2020 年夏天的一個投資聚會認識，不擅長在陌生多人聚會交際的我，一下子就被 Aaron 的熱情招呼給吸引。如果我的個性比較傾向沈默寡言的工程師，那 Aaron 就是活力四射的陽光型男！相談甚歡的晚宴讓彼此了解目前所處的領域與專長，我們倆有很多相似之處，也有許多不同的優點，首先都曾先後在科技業服務，我先離開科技業轉換到 FinTech（金融科技），也因為我比較早跨進 FinTech（金融科技）的圈圈，佔了些先機，所以能夠以先行者的身份與 Aaron 分享 FinTech（金融科技）浪潮對我們這代人即將造成的改變。

FinTech（金融科技）約莫分五大領域：1、區塊鏈 2、理財機器人 3、P2P 平台 4、純網銀 5、第三方支付。其中純網銀與第三方支付並不開放一般人投資，適合民眾參與的有區塊鏈、理財機器人、P2P 平台這三項。FinTech（金融科技）領域的這五項破壞式創新由求知慾強的 Aaron 從零到箇中翹楚來為各位讀者詮釋是再適合不過了。

Aaron 是我見過最有執行力且有明確前進目標的人，在工作繁忙的上市科技公司擔任業務經理期間還能撥冗完成跨界學習理財、金融科技等知識與技能，實屬難能可貴。也就是因為這樣子的難能可貴，更是值得讀者們拜讀作者在人生這段期間的心路歷程與收穫。如果說生活的歷練是人生成長的養份，那麼這本書將會是各位讀者補充營養的維他命！

魔法講盟執行長 吳宥忠 推薦序

　　首次對 Aaron 有印象是在課程中他的發言和提問總是別的多，對於學習 Aaron 總是全力以赴，Aaron 也實踐了各個老師對於打造被動收入的模式，甚至於上台分享他的心得，現在更將他的所學編寫成了一本書，他希望可以將他的經驗分享給還在投資路上的小白們，此書提到的各種創造收益的模式都是經過他親身參與，所以書中的乾貨滿滿，模式更是落地可行，對於一般想要進入投資圈的小白絕對是值得推薦的一本好書，在這邊我非常推薦這本書，也相信書中很多觀念可以導正我們對於投資正確方向。

　　你是否想過？為何有錢人越來越有錢？而比較沒錢的人卻越來越沒錢呢？，許多人都嚮往自己能夠成為下一個億萬富豪，夢想著擁有巨大的財富，豪宅、跑車，並帶給家人們較好的生活品質，不再為錢而煩惱，此時上天已聽到你的呼喚，並告訴你有兩個方案，（一.）是現在給你 5,000 萬，（二.）是讓你每個月能領 10 萬塊並持續領到去和上帝喝咖啡為止，如果是你會選哪一個呢？我想一般人都會選擇第一選項吧！先拿走 5,000 萬來花再說呀！其實這選項沒有對與錯，你當然可以瞬間擁有大筆財富，就像我們被上天眷顧中了這期的彩票頭獎一樣，但根據美國官方統計結果，發現那些曾經中過彩票頭獎的人，在領獎後的一兩年間的確是過上輝煌的日子，但再過 5 年回頭去採訪他們時，即發現這些中過頭獎的幸運兒過得比當初他們還沒中頭獎之前的日子還要糟糕，也就是錢不但全部花光還欠下一屁股債，原因就是在於他們這些人都沒有能管理金錢的能力，再還沒有學會理財能力之前，不管多少錢給你，你的結局都會和當初一樣的，反觀選第二選項的人，他將不再為錢而煩惱，是真正過上財富自由的日子，因為這個月錢花完了，下個月就會又產生收入。

思維決定行為，行為改變命運，你不理財，財自然不會理你，理財的奧義在於能每個月產生收益來源，這些收益來源能夠支付你平常所有的日常開銷，會發現當你真正達到財富自由後，所有的開銷即然都會是免費的！伙食費，保險費，每月的油電帳單，子女的教育費，父母的孝親費，這些全部都會由你的被動性收入來買單，當然財富自由後不是就不工作了，而是你能選擇你較有興趣的工作來從事，這些工作賺來的錢全都是實存的，因為該有的花費已經全都由利息來源買單，所以有錢人們才會把錢越養越大，相對於比較沒錢的人，因為不懂得理財，導致每個月所賺的錢根本都不夠花，且日益嚴重，當車貸、信貸、房貸、勞保貸樣樣來時，真的像是滾雪球般的債務越滾越大，這兩樣真的反差很大，有錢人喜歡日子過快一點，因為馬上又到領錢日，窮人總希望日子過上慢一點，總想逃避快要到來的付款日，在學會理財後你能夠慢慢累積財富，但不懂理財的話就算給再多的財富你也守不住。

　　創造財富的方法其實很簡單，就是一個提水桶跟建水管的概念，窮人總相信多勞多得，而富人只做一勞永逸的事，當你建好自己的財富水管後你將不再需要提水，只要水龍頭一開，你將擁有源源不絕的現金流入，那麼現在說到重點了，這理論大家都懂，那該去哪裡尋找好的投資標的呢？是台灣股市嗎？還是美國股市呢？又或者是購買基金？還是買房地產來收租呢？在此我很高興認識了這本書的作者：Aaron，你將不需要再到市集上尋尋覓覓找不到方向，又或煩惱著到底該看哪一本投資理財書才好，你會發現書架上的那些投資理財精隨就匯集在這本書裡了，也就是說這是一本匯集理財大師們的智慧寶典，像是我們喜歡的武俠小說，這些角色不再只單一出現在某個系列裡才能看到，這本全集中就是最好的財富百科全書，當你有了這本財富百科全書後，你將不再需要再為尋找該類的單一投資書籍而煩惱，甚至還為劃錯重點而懊惱，本書全都是重點！且能幫助到讀者們更快速的、有效的找到最適合自己的投資標的唷。

我是投資完賺金律作者：羅德，同時也是幣神盤勢分析的創辦人，目前也和本書作者 Aaron 一起經營教育培訓這區塊，我們教室已排定的商業課程從投資學到經營學再到網路行銷班等等皆有完善規劃，相信這些財商知識都能帶給小資族們真正實質上的幫助，如果你也是對數字貨幣這領域相當感興趣，想

投資比特幣卻不得其門而入？又或想了解更多的區塊鏈相關資
訊？歡迎掃描我的連結，我會為你提供更多你想要的答案。

盤勢分析創辦人

自序
為什麼寫這本書？

親愛的朋友們，大家好！

去年 2020 是非常艱困的一年，在 COVID-19 無預警來襲至今已奪走了很多人寶貴的生命，

我們的世界也因為如此經歷了一整年的封閉，在這樣的過程之中，有很多企業仍至個人的

財務狀況同時遭受了嚴重的威脅，有很多的百年企業龍頭破產，也有很多家庭跌落到貧窮線

以下，全世界的股市行情也從年初美股歷經四次熔斷的震盪中，呈現不穩定的情勢～

美國 Fed 擔心 COVID-19 為股市與實體經濟所帶來預期的長期傷害，實施了無限 QE（量化寬鬆），預料全球將長時間處於低利率環境。不過，無限 QE 普遍被認為是 1 把雙面刃，在刺激股市，房市上漲的同時，也帶來許多副作用。未來將面對哪些後果？資金又要往哪裡避險才安全？

那 QE 是什麼呢？ QE 是由央行直接自民間大量購入中長期資產，使企業資金增加，企業將資金存入商業銀行，流動性便從央行注入到外部銀行體系，間接使市面上流通貨幣增加，因此又被稱為「印鈔票」或「灑錢」。

QE 能有效、直接地刺激經濟，因此通常有迅速穩定經濟的效果。除了直接讓資產價格上升，形成股市、房市雙漲之外，熱錢更能帶動投資、消費，間接提振經濟。

依專家的觀察，QE 易造成資產泡沫，讓貧富差距加大。而且無限 QE 將有利於購屋者及股票投資人，其中黃金仍是最被看好的資產之一～

在這個動盪不安的時局下，健康是最重要的，但我們無法確定我們的工作是否能不受影響？也由於無限 QE 的關系，目前銀行的定存報酬率已低到不到 1%，相對於 CPI 物價指數（通貨膨脹），我們的存款正逐漸的在減少中～

我在股市投資的時間已有 9 年之久，前 8 年都是保持小額的獲利，但在前年我的獲利達到 7 位數，所以我也在去年設定了退休計劃，只要連續 10 年我都能維持這樣的獲利數字就可以提早退休！

正當我去年初還沉浸在可以如法泡製的再有高獲利時的期望中，沒想到因疫情爆發的關系 美股竟出現史上第一次的 4 次熔斷，連我手中持有的優質台股竟也連續幾天的跌停，在不到一個星期的時間，我把前年所有的獲利都還給了股市還有多出來的虧損！

這個震憾教育！非常的痛！我也才發現及明白一件事，過去的成功不一定代表未來的成功，如果只把資金重壓在股市，當有無法預期的黑天鵝來襲時，我們累積的資產可能一瞬間會消失！我目前的投資方法實在有太高的風險！

　　我向自已大聲吶喊！我一定要改變！是的！我必須改變！但是，我該怎麼作呢？

　　於是我在 FB 及網路上搜尋好的理財學習課程，

　　一整年下來，我花了 20 萬去跟不同的老師學習及上課，經過了學習之後的我有了以下的改變～

學習之前

1、不了解資本主義的遊戲規則，處於＂資本俘虜＂狀態

2、不了解自已目前資產配置及投資風險

3、投入的理財標的需要常常觀望有無虧損？需要常進出交易～

4、生活品質很不好，常常患得患失，提心吊膽，賣了這支股票不知下支買什麼？

學習之後

1、了解資本主義世界的運作法則，成為"資本家"狀態

2、了解如何作全資產平衡配置及有優質的投資策略

3、投入的理財標的只要定期確認，長期穩定增值，用心於不交易

4、生活品質大幅改善，不用再擔心投資標的，透過時間滾動達到財富自由

　　現在的我再也不用辛苦的盯著股市殺進殺出，只要好好的等待，抱緊我的資產，讓時間來滾動獲利，拿回了人生的主導權，可以作自已有興趣的事

　　所以我衷心期望能把這些好的成長課程和理財資源與大家分享，讓大家都可以一樣在完成資產配置後，讓我們的生命能有更多時間陪伴我們親愛的家人和實現我們人生的夢想！

阿倫 Aaron

基礎篇

壹之型 ●●●● ●
財富自由的呼吸法（Aaron）

✓ 1、財富自由的定義與方向

✓ 2、站在巨人的肩膀上

✓ 3、上課／投資 學習之後的進步與變化

✓ 4、重點摘錄

1、財富自由的定義與方向

什麼是財富自由？

在今年初以前，我對財富自由的認知就是擁有很多很多錢，然後不用工作，可以四處出國遊玩

上面這個狀態，應該是大多數人都嚮往但實際可能是在夢裡才比較有可能實現…又卻是一般人努力希望可以達到的目標，睡覺睡到自然醒，出國玩到腳抽筋～

但直到去上課學習，聽了老師的分享，我才知道

財富自由不是指你的存款要達到多少的數字，而是一種狀態，這狀態就是～

當你的人生到了某一個時間點，

你的被動收入已可以負擔生活的固定支出，也就是「被動收入〉主動收入」

從那一刻起，你不需要再靠白天的工作來辛苦賺取生活所需，而是可以去作自已想作的事

所以財富自由，前面的重點在於財富，但最大的重點卻是在後面的"自由"

這是什麼樣的自由？

就是我們人生的主導權，我們可以自由的去作我們心裡很想作的事

可能是我們從很小很小就懷抱的夢想，但迫於現實卻一直沒有機會去嘗試

ex：我小時候想成為喜劇演員，金凱瑞和周星馳是我最喜歡的兩個演員，哈哈

當我們可以去追求自已想完成的夢想，那我們的人生就會有更踏實的幸福感

請問你的夢想是什麼？當財富自由的那一天來到，你想作什麼呢？

我們該先規劃好我們的夢想藍圖，讓我們有實現夢想的原動力～

但回歸現實面，

那我們該好好問自己？要怎麼作才能更接近財富自由呢？

2、站在巨人的肩膀上

只要有股市投資經驗的朋友，一定有聽過張老師的這句名言：

「好的老師帶你上天堂，不好的老師帶你住套房」

這句話讓我們知道良師的重要性～

可是股市及各種金融商品的投資名師這麼多？真真假假？假假真真！到底誰才是真材實料呢？是那位能夠在茫茫股海中，給我們一盞明燈的良師呢？

為了學習投資，我的經驗是先看大量的理財書籍及相關文章，從中學習每位老師的人生經驗及理財策略，但學習絕對不只是拘限於閱讀好書，上課是另一個加速及深化我們學習的好方法，

所以除了讀好書找出喜歡及認同的好老師，我也開始透過網路及詢問朋友，那一些老師有開立線上課程或實體課程，我希望實際的去上課學習，讓我更快速的學習到每位老師的強項和優勢！

　　經過了十個月的時間，當我上完了這些老師的課程，我赫然發現～我的視野完全不同了，以前的我在投資的森林裡，常常迷失了方向，好不容易的打敗了這隻老虎，卻迷了路，在找出口的過程中，又不預期的隨時遇到更兇狠的野獸～那時的我，眼界是在人的高度，所以總是迷惘與著急。但現在的我，經過了成長，我已經站在巨人（老師們）的肩膀上，我可以清楚的看見如何走出森林了（如果大家腦海中沒有畫面，可以參考日本動漫 進擊的巨人 那樣巨人的高度喔），也看見了往目的地的那條路～這時候，我充滿了信心，因為我知道，我不用再害怕路程上的兇猛野獸，我只要專注的運用我向老師所學的，盡力發揮，我就可以達到財富自由的那美地。

　　即然我已經有幸得到這些良師的幫助，除了我自己受益，我也同時期望把這些老師與大家分享

　，這樣可以避開不必要的曲折的路～

　　同時也非常開心這些良師的春風化雨，在我向老師們提出推廣介紹他們的請求，他們都不約而同的答應我，使我受寵若驚，謝謝老師秉持著助人的初衷，願意讓更多的人學習在資本主義的森林走出正確的理財之路～

3、上課 / 投資 學習之後的進步與變化

感謝我在去年遇見了這些老師，現在的我和年初的我有極
大的不同與進步

只因為這些老師的教導我學習到以下的金融知識及理財工具

現金流管理 ~ 存款（投資本金不斷增加）

建立富人思維 ~ 最大化時間價值

有效的投資策略 ~ 自動理財法

價值投資的方法 ~ 投資策略及獲利方法

股權投資 ~ 資本家如何透過股權投資致富法

AI 投資機器人 iRobot~ 人工智能 & 大數據 & 自動投資

P2P 金融 ~ 互利金融，貸款平台

區塊鏈 & 虛擬幣交易平台 ~ 加密貨幣，高獲利率

這裡我只有簡單的先點一下，我會在第二章之後祥細的介
紹這些老師的課程及可以對我們產生的幫助

4、重點摘錄

財富自由 = 不用為錢工作的狀態，也就是 "被動收入 〉主
動收入"

找到名師，站在巨人的肩膀上，走出資本世界的森林，尋得財富自由的理財之路

學習到最重要的財商知識及理財工具

現金流管理

建立富人思維

有效的投資策略

價值投資的方法

股權投資佈局法

AI 投資機器人 iRobot

P2P 金融

區塊鏈 & 虛擬幣交易平台

貳之型 ●●●● ●
現金流課程（狄驤）

- ☑ 1、老師介紹
- ☑ 2、課程介紹（優點和幫助）
- ☑ 3、對世界及對我的影響和學習
- ☑ 4、重點摘錄

1、老師介紹

▲ 圖片引用來源於 @pressplay 平台之狄驤〈白話總經投資學院〉，所有圖片版權歸屬原出版者

- 【狄驤】
- 暢銷職場勵志作家
- 《商業周刊》百萬人氣專欄作家
- 兩岸資深投資人
- 目前專職寫作，著作曾多次登上博客來網路書店〔商業理財類〕暢銷排行榜第一名。
- 著有：《30 歲後，你會站在哪裡？》1~3 集、《富不是命定，而是習性使然》1~3集、《其實，鈔票不是錢，不景氣也不是壞事》、《10年後，你想成為流浪漢還是富翁？》、《狄式白話【總體經濟學】》

資本主義這個大賭場裡，只有兩種人，一種是吃人的莊家，一是被坑的散客。

如果我們八字不好，無法成為吃人的莊家，那麼，至少要當一個不被坑殺的聰明賭客。

這是身在資本主義世界的每個投資者，都應該要奉行的江湖鐵則。

2、課程說明及介紹（優點和幫助）

除非你爸是郭台銘，或出生時就含著賓士車鑰匙…

否則各位小資，打工，上班及月光族的朋友，如果你們想從無到有，成功脫貧致富，

你們要學的第一堂課，絕對不是股資或買股票，

而是先透過〈現金流管理〉，來讓自已擺脫債務迴路，再運用〈時間報酬〉的力量，存下第一桶金，接下來，你才有可能透過創業或投資，改變自已的窮忙命運。

相信我 不論你日子多苦，這套〈現金流管理〉課程，再苦也絕不能忽略或錯過…

因為，他就是終結你的苦楚貧困的第一把鑰匙。

所有財富自由的基礎，都是來自〈現金流管理〉，不幸的是，很多理專或投資老不會告訴你這個真相，因為，他們只要你不停的投資，賺你的手續費或佣金，他們才不會管你下個月的房租在那裡？

不用怨人尤人，我們都是含著塑膠湯匙出生的平凡人，還好，資本主義雖然險惡無情，但至少提供人平凡人脫貧致富的機會…

這個機會，就是透過自我學習和訓練，掌握了三個〈脫貧致富〉系統，讓自已從靠勞力的〈水桶收入〉，在存下第一桶金的〈錢母〉後，再運用〈總經投資〉，來讓自已慢慢擁有〈被動收入〉，紮實安穩的脫離窮忙貧困的人生…

〈現金流管理〉就是人人都可脫貧致富的第一個系統…

如果你這輩子都不認識他，不懂他的威力，就算你年輕時再會賺錢，老了很可能就會像很多過氣藝人，債台高築，晚景悽涼…

相對的，就算你現在是小資族，卡債族或月光族，只要你有決心改變，用心把〈現金流管理〉學好，並且把他運用在現實生活，未來，你不僅可以脫離成為〈下流老人〉的風險，還可以擁有〈財富自由〉…

▲圖片引用來源於 @pressplay 平台 之 狄驤〈白話總經投資學院〉，所有圖片版權歸屬原出版者

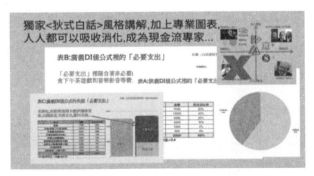

▲圖片引用來源於 @pressplay 平台 之 狄驤〈白話總經投資學院〉，所有圖片版權歸屬原出版者

3、對我的影響和學習

本課程分為五個篇章如下：

EP1 搞懂「現金流」，你才是「被動收入」的真主人

EP2 ＜實值 DI 值＞長期負債，人生注定是全黑的…

EP3 〈小公主〉做錯了這件事，從此淪為白髮蒼蒼的下流街友…？

EP4 沒做這件事，DI 值再高，你的錢也不會變大

EP5 〈現金流管理計劃〉＋耐心＋執行力＋記律＝脫貧致富

EP1 學習到 現金流效益最大化的方程式，來防止自已掉入現金流的黑洞

EP2 學習到 DI 值（可支配收入）的重要性及公式計算，去防堵失控的非必要支出

EP3 學習到 債務和癮頭，絕對是現金流的癌細胞，要擺脫「成癮症」與「消費主義」造成的債務陷阱。

EP4 CPI 物價指數只漲不跌，需要了解如何透過投資，來增加「資本利得」，提升現金流效益

EP5 學習到 了解時間是貴人，懂得運用時間報酬來搭配 耐心、執行力和記律來改變命運！

並且老師提供了更多的現金流效益 MAX 最大化的計算方

式，讓我們能更清楚檢視自已每月的現金流狀況盃並了解要如何來找出痛點及改善。

綜合以上 5 篇的學習，讓我們先有現金流概念的基礎，再確認那一些負因素會導致現金流的負值，找出問題點來解決，另一面需要加大可支配收入，及在最後有升級版的公式讓我們導入再增加的資本利得，如果才是讓現金流管理效益最大化的方法。

總之，除非我們是富二代或中樂透，否則我們這些含著塑膠湯匙出生的平凡人，必須認真用心的遵循資本主義的求生規則，先從〈現金流管理〉存下第一桶金，再透過〈總經投資〉課程，搞懂資本市場的正確投資觀念和策略，再下功夫去練〈總投交易〉的心法與技巧，你才能真正脫離被資本家奴役的命運，成為財富自由和有尊嚴的人。

但要學會及完成這三個系統，你必須要有過人的耐心和毅力，先從三年〈現金流管理計劃〉開始，或者你已經有了錢母（第一桶金），就可以跳到第二個系統〈總經投資〉課程，等你搞懂〈總經投資〉，才可以開始學習〈總投交易〉，學成再經過三到六個月模擬單交易，接著正式進場，只要嚴守紀律和交易心法，你的勝率就會非常高。

然而，讓你完成這個改變命運的方程式中，最重要的關鍵，就在於你的現在會做出什麼樣的決定，畢竟，所有的改變和成長，都是從當下這一個決心開始的。

■ 後記 ■ ■ ■

我一訂閱老師的〈現金流課程〉，發現老師真的人超好，除了這五篇很棒的文章得到很大的幫助之外，這方案目前還可以獲贈 狄驤老師或「智言館」出版公司提供的電子書一冊！

我選擇的電子書是老師的著作〈富不是命定，而是習慣使然 3〉

讓我不只是有效的改善現金流管理，更了解如何增強自己在理財上的三力（判斷力、忍耐力、記憶力！）

在收到老師的序，內心更是驚喜萬分！

在拜讀完老師的序，被老師獨到的眼光及深厚的財商知識所嘆服。用幾句話，就可以勾勒出資本主義世界的遊戲規則，更把破解的獨家心法，大方的分享出來～

" 按部就班，才是成功最快的捷徑 "

這句話真的深深的再次提醒我，在理財的學習上，不要忘了用心於最基本的認真踏實學習，並且不是只追求投資獲利的「快」，而是該追求自我成長的「快」

" 一步一步穩紮穩打的練功，才是成功最快的捷徑 "

謝謝老師的指導，我銘記在心～

盼望大家可以一起向老師學習，建立良好的正現金流！

這裡再加碼分享拜讀狄驤老師的兩本書的重點與心得給大家：

〈富不是命定，而是習慣使然3〉
書名：富不是命定，而習性使然（3）
作者：狄驤

選擇原因：想了解建立財富自由
前，而要先學習及鍛練什麼的習性

（三）個本書重點：

PART1 萬物是提款機，也可以是絞人肉機

01. 沒被窮困捅過幾刀的，別想脫貧

02. 你能在 101 頂樓幫路人點眼藥水？

03. 那一夜，中年宅配員哭了三小時

04. 你最不敢面對的真相，不可能被刪除

05. 只有窮人內心還住著黑幫老大

06. 窮人的一塊錢，永遠比有錢人沈重一百倍

07. 為什麼我那麼帥，卻要掉頭髮？

08. 酥皮派和汽泡水能救你一命

09. 因為你滿心懷疑，你才會用力上鉤

PART2 其實，你的窮都來自「貧性神經迴路」

10. 窮人不是不努力，只是都死在「撞牆期」

■ 本書心得 ■ ■ ■

為什麼這本書的書名是 萬物都是提款機，提款密碼就藏在你的神經迴路裡？

因為本書是作者破產三次才悟出的終極轉骨心法

原來作者發現，我們大腦的神經迴路一旦被設定好，他們就會像電腦軟體一樣，不會背叛搞鬼不會要求加薪不會罷工請病假，忠心不二地幫我們執行迴路指令。

如此這般，藉著正向有紀律的佈局運作，再加上時間的威力，萬物都會成為你的提款機，而且是你個人專屬的提款機。

但關鍵因素在那兒呢？

作者在書中也表示，他能再三地從垃圾堆的谷底爬起來，其實只靠三樣東西，那就是習性、習性和習性。

那是那三種習性呢？

第一個習性，是指大腦中被我們修改或重構的神經迴路，只要能改變迴路，就能改變行為和習性，進而改變現狀。

第二個習性，是不停檢討反省和更新修正神經迴路的紀律。

第三個習性，學會等待，耐心等待，在寂寞和無聊中品嚐時間的威力。

＊如果你無法改變現在，就不可能改變未來。

作者在書中直接指出，窮人之所以會窮，就是有太多心理障礙和不良習性，就算再努力，也都死在神經迴路的〔撞牆期〕。

令人驚駭的是，原來窮人腦中還有那麼多的〔**貧性神經迴路**〕，才會造成的長期不良習性，像是：

◎只有窮人內心還住著黑幫老大
◎窮人的一塊錢，永遠比有錢人沉重一百倍
◎窮人並不是不愛錢，只是他們的愛有太多盲點
◎單身的人，要提高血清素部位
◎窮人的視神經，總是直通事實認知系統
◎窮人看不見哥倫布艦隊的六個認知缺陷
◎時間是一台計程車，空車愈久損失愈多
◎窮人的腦神經總是缺少 PLAN B 迴路………．

只要你願意用心研究本書的內容，透過紀律和付諸行動，去修改或更新神經迴路的缺陷，你就能突破今日的困境，發現驚人的提款密碼，改變未來。

同時，本書作者也教讀者，如何修改或更新不良神經迴路，進而重新建構〔**聚財神經迴路**〕，像是：

◎同樣一件事做九萬次，你就會看到金庫

◎同一件事反省三萬次，你就會看到印鈔機

◎當你建構「享受停損」迴路，脫貧翻身就只是小菜一碟

◎窮人的時間是碎石塊，有錢人的時間是樂高

◎紀律就是「鬼吹燈」，愈守紀律錢就愈多

◎有錢人才能看見，地球律動周期的致富密碼

◎運勢是可零存整付的籌碼………．

　　綜合以上的學習及回顧我 9 年來的理財投資經歷，我在這一本書學習到三個最大的重點如下：

1、檢視自已腦中的〔貧性神經迴路〕，移除此迴路

2、了解自已缺乏的〔聚財神經迴路〕，建立此迴路

3、建立不停檢討反省和更新修正神經迴路的 " 紀律 "

　　當我們學習了，就是要移除掉 窮人思維 / 習性，學習及建立 富人思維 / 習性

　　我們要真的建立起好習性的 " 紀律 "

　　並且學會耐心等待，在時間裡累積良好的獲利～！

書名：10 年後你是 被迫工作 還是 被動致富

作者：狄驤

選擇原因：想建立穩定的被動收入管
道，在 10 年後被動致富

三個本章重點：

▲圖片引用來源於
博客來網路書店，
所有圖片版權歸屬
原出版者＆出版社

Part1 你每天割自己的肉送人，還替人數鈔票？

──關於資本主義市場的駭人真相

真相 1 股市不是隨機開獎的樂透，而是被操作的賭盤

真相 2 資本主義最可怕之處：享受「零下資產」

真相 3 物價指數是無法回頭的「吃人火車頭」

真相 4 巴菲特不敢碰的衍生性金融商品，我們卻買了

真相 5 失業率和停滯性通膨

真相 6 暗無天日的金融黑箱作業

真相 7 永遠僅供參考的財報和信評

Part2 天下沒有免費的午餐，卻有昂貴的毒藥？

──真實需求與假需求的隱性詭雷

詭雷 1 製造假需求：花高價買毒藥

詭雷 2 踩油門經濟的消費主義

詭雷 3 迴旋鏢效應，利用你的人性弱點

貳之型 現金流課程（狄驤）

49

■ 本書心得 ■ ■ ■

你是資本主義世界的俘虜，還是資本家？

你真的了解資本主義的運作方式嗎？

你了解股市只是每個國家政府開的合法賭場嗎？

　　本書的一開始，作者就在第一章節破解了以上三個問題的答案，如果我們不了解資本主義的世界，我們就不會了解，原來沒有所謂的"自然市場"，在現金世界裡，一切都是"人為市場"，如果我們不了解運作的方式，我們怎麼能不成為"俘虜"

先來看一則新聞～

台灣人很會儲蓄？調查顯示，近兩成民眾 10 萬一週籌不出

文／聯合新聞網　攝影／聯合報系 2020-10-31

台灣人普遍很會存錢？這迷思要被打破了。根據金融研訓院最新調查，台灣民眾有近兩成一週內 10 萬元都籌不出來，47% 的家庭入不敷出；但也有另外二成七民眾存款達 75 萬以上，自認充足。這顯示國人在儲蓄上面臨兩極化：有錢人很愛存、窮人則根本存不住錢。調查另分析出國人對保險觀念仍不夠重視。

我們的身邊，有很多人沒有多少存款，有一些年輕人活在"零下資產"（沒有存款，負債過日子）上面的新聞也讓我們知道 47% 家庭入不敷出～如果我們沒把資本世界搞懂，我們可能終極一生都活在這樣子世界裡而不自知…

即使是股市，也是各國政府開的合法賭場，散戶如我們要如何與財團和外資對抗呢？

請不要失望，透過讀書，透過閱讀，我們仍然可以更了解資本世界一些的～

　　首先我們要知道在現金世界，CPI 物價指數是永不回頭的火車

　　所以我們一定要找到可以對抗 CPI 的理財工具，我們的財富才不會縮水，但在這個同時，我們需要學習怎麼去檢視 好的與壞的 理財工具，好的一定比較少，壞的一定充斥在我們的生活周糟（ex：一些假的衍生性金融商品～連股神都不碰），因為在金融市場裡，一切的資訊都有可能被人為所捏造，所以我們需要不斷的學習，有能力去檢視我們的投資是否安全？風險是否我們可以承受？"知已知彼，百戰不殆" 讓我們繼續看下去～

　　"金錢有限，慾望無窮"

　　這個世界，有永遠看不完的廣告，因為要刺激我們不斷的消費來達到經濟的成長～

　　所以我們每一天會看到很多的假需求（毒藥）～

　　（ex：各式的營養品、高級的包包、高價的美食、節日的花費、炫耀花費的小確幸…等等）

　　小確幸＝毒癮經濟

　　我們需要問問自已，我們真的需要這些東西嗎？這些東西真的對我們的健康和生活有實際幫助嗎？到底是我們想要？還是我們需要？值得把大部分辛苦工作的錢花在這上面嗎？如果

我們無法控制自已的慾望，並看出我們真正需要的花費，那我們永遠無法存下該存的錢，花了錢買了我們想要的東西，卻像喝下了立即性快樂的毒藥，享受當下的快樂的同時，卻沒有發現這也同時，抹殺了這個花費在 30 年後的未來可以給我們的退休生活上的財務幫助，盼望我們都能有能分辨的眼光，一直調整及改善我們的消費習慣，讓我們可以創造正現金流。

十年後，我們是 被迫繼續工作？還是被動致富？

當我們能看懂資本主義的遊戲規則，先脫貧（零下資產）），

再來的步驟就是 再致富（打造水管收入）及 建立自已的（被動收入水庫），進入被動致富的系統～

脫貧致富前，先要檢視清楚自已在那個象限（財務狀況）
A 金融肥貓型 / 傳統儲蓄型
B 富二代 / 年少創業家
C 少債族 / 尼特族 / 青貧上班族
D 高齡月光族 / 中年散戶族

再來就要想法子改善我們的"資產体質"
首先要把我們最高的債務利率降低或解除
然後同步改善我們的生活習慣及消費方式，才能加速負債的消除

開始積極的投資自已，提高收入～

並存下生活急用金之後，設定目標讓自已在三年內存下三十萬元，

作為投資的第一桶金"啟動資本"

那什麼是"水管收入"，定義有二：

一、目前主要工作之外的收入

二、被動收入

主要工作以外的收入可能是我們在目前工作所累積的專業和人脈所帶來的額外收入

而被動收入則是我們可以透過平衡的投資來增加，ex：股票、ETF、債卷、金融科技理財商品

那"水庫收入"呢？就是我們要讓我們的"水管收入"能被匯集成一個"被動收入系統"，這個系統能夠 24 個小時不停運轉的為我們累積財富～

所以我們除了要在我們的本業上更努力，追求專業及累積經驗以外，

更要積極的多方學習不同的產業和知識，用另一個十年來為自已打造斜槓及第二個專業，這樣子有機會在退休前打造一個以上的系統～

所以當我們每建立一個”水管收入”，對我們而言就是”小系統”的產生，等我們匯集了很多的”小系統”，就可以成為穩固的”水庫收入＝系統”，讓我們能提早或準時退休

願我們從現在開始就一起努力～^^

4、重點摘錄

現金流課程 五重點

一、搞懂現金流及最大方程式效益

二、DI 值的控制和防堵，控制支出

三、除去債務與癮頭導致的債務陷阱

四、增加「資本利得」，提升現金流效益

五、運用時間報酬，讓現金流效益 MAX 最大化

狄驤老師的〈現金流課程〉及〈白話總經投資學院〉完整
課程說明及網路連結如下：

狄式白話【現金流課程】

＊線上講義共五堂課（文章）

＊學員相關問題諮詢

＊獲贈狄驤或【智言館】出版公司提供的電子書一冊

（詳情請見贈品公告，每本書數量有限，送完為止！）

https://www.pressplay.cc/project/rewardPage/
%E7%8B%84%E5%BC%8F%E7%99%BD%E8
%A9%B1%E7%8F%BE%E9%87%91%E6%B5
%81%E8%AA%B2~/9B00052818FE7B1D761
7573B2008DDBF

總投領航方案　狄式白話［總經投資］入門課程

＊〈總投情報〉每周至少 2 篇，如遇重大事件，將即時發佈〈重
大快訊〉

＊〈超深 V 周報〉每周 1 篇，除了全球「總經趨勢」深度分析，
周報也內含〈台股盤勢解析〉和〈台股操作策略分享〉和不
定期〈總投優質標的分享〉

＊贈品〉訂閱時間滿一季（三個月）可獲贈一本狄老師或「智
言館」電子書，詳情請見公告

＊贈品〉訂閱時間滿一年可獲得超值週年禮

＊福利〉優先核准加入〈狄式白話【總投研究】〉不公開社團

狄式白話 [總經投資] 入門課程

　　本課程共有五大篇 20 個單元，皆以文章形式呈現，內含各類圖表，且以獨家白話風格說明，只要有心，人人都可以充分吸收。

　　本課程是狄式白話《總投課程》的第一個子課程。

　　這個階段的課程，等於練武功的蹲馬步。

　　其實，《總經投資》不難，但這個投資技能就像開車，在上路前必須先拿到駕照一樣。

　　只要你能從本課程中，先搞懂正確觀念，再用心學習交易和實戰練習，就能平穩安全到達「獲利」的目的地。

　　資本主義的世界裡，最有價值的支出，就是「投資自己」。

　　趁年老前，花點學費和時間，打造一生受用的印鈔機，比什麼都重要！

https://www.pressplay.cc/project/rewardPage
/%E7%8B%84%E5%BC%8F%E7%99%BD%E8%
A9%B1%E7%B8%BD%E7%B6%93%E6%8A%95%E8
%B3%87~/F59854DA790DF8772CBB8C85E50EA5
8C

狄式白話［總投交易］基礎課程

本課程是狄式白話《總投課程》的第二個子課程，以文章形式呈現，共四大篇，27 個單元，圖表超過百張，是狄老師團隊的嘔心瀝血之作。

這個階段的課程，等於是〈初階實戰〉的練功，對於立志成為 PIP（Professional Individual player）具專業技能投資戶的朋友來說，學會這個基本功，你就能看懂盤勢，型態的強弱多空，看懂壓力和支撐，不會再像沒戴鋼盔的瞎子，任由主力玩弄宰殺，甚至開始反過來吃主力豆腐，從容穩定獲利。

總之，再苦也把這功夫學好學滿吧！因為，他將是你一輩子的印鈔機。

https://www.pressplay.cc/project/rewardPage/%E7%8B%84%E5%BC%8F%E7%99%BD%E8%A9%B1%E7%B8%BD%E6%8A%95%E4%BA%A4%E6%98%93~/8DFFDC8EA33E4F429A5F03AE105FEF61

狄驤《白話總經投資學院》

https://www.pressplay.cc/project/about/%E7%8B%84%E9%A9%A4%E7%99%BD%E8%A9%B1%E7%B8%BD%E7%B6%93%E6%8A%95%E8%B3%87~/090D0E521496407FA168786CE3ABE09B

▲圖片引用來源於 @pressplay 平台 之 狄驤〈白話總經投資學院〉，所有圖
片版權歸屬原出版者

＊狄驤老師為了鼓勵小資打工族等年輕朋友，努力練功脫貧致
富，自掏腰包推出贈活動。即日起購買本課程的朋友，都可
免費任選一本下列由「智言館」提供的電子書一冊，每本書
數量有限，送完為止，有興趣的朋友，千萬勿錯過！

（PS: 本篇章文稿圖片出處 部分引用 @pressplay 平台 之 狄驤
〈白話總經投資學院〉，所有圖文版權歸屬原出版者）

參之型 ●●●● ●
理財投資訓練營 14 天（Spark）

- ☑ 1、老師介紹
- ☑ 2、課程說明及介紹（優點和幫助）
- ☑ 3、對我的影響和學習
- ☑ 4、重點摘錄

1、老師介紹

你的價值思維學院導師：
SPARK LIANG 張開亮

Spark Liang，暢銷書《從 0 資金開始圓創業夢》作者，擁有馬來西亞註冊財務規劃師文憑（Registered Financial Planner，RFP），也曾經是 Affin Hwang 的股票仲介，過後也通過金融分析師 CFA 一級的測試。

▲圖片引用來源於 價值思維學堂，所有圖片版權歸屬原出版者

他對理財的熱枕推動了他上傳了上百個簡單易懂的投資理財影片，在短短的兩年裡就累積了超過 3 千萬的影片總觀看次數，他也經常受邀為演講嘉賓，也曾涉及財務盡職調查、風險分析等相關經驗。

"大家好，我是 SPARK"

很多人的父母都和我的一樣教導我們如何投資理財，無非就 3 個步驟：做工，賺錢，存錢。

我剛開始出社會工作時，我給自己設置一個目標－儲蓄十萬塊馬幣。

以終為始，我就開始去計算我需要多長的時間去完成這一個目標。

然而在我開始去計算時，有一個不爭的事實，那就是我的收入只有 RM2,300.

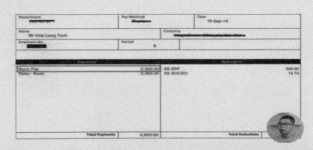

▲圖片引用來源於 價值思維學堂，所有圖片版權歸屬原出版者

收入 RM 2,300，扣除 EPF，SOCSO 后只有 RM2,000，再加

上扣除了生活費，交通費等….

每一個月只能夠儲蓄 RM500

加上我一個月只能給儲蓄 RM500，你知道要儲蓄到十萬塊馬幣需要多久的時間嗎？

目標：

$$\frac{RM100k}{RM500} = 200月 （16.67年）$$

▲圖片引用來源於 價值思維學堂，所有圖片版權歸屬原出版者

是的，16 年又 7 個月的時間

而我就開始了一個想法就是開始投資

投資產品有很多，房地產，基金，股票等等

而我選擇了股票 – 因為門檻低，只需要幾百塊錢就能夠馬上開始。

當然事情絕對也不是一帆風順，在剛剛開始學習股票的路上，因為隨便詢問朋友而亂亂買股票導致虧錢。

而我決定開始和這個世界上最厲害的價值投資大師們學習 – 價值投資之父 Benjamin Graham、股神巴菲特 Warren Edward Buffett、價值投資大師霍華馬克斯 Howard Marks 等等的書籍我都習性閱讀並運用。

在投資股票開始盈利后，我也參加各種實體課程來學習更

多知識。像是 **Robert Kiyosaki** – 富爸爸，窮爸爸的作者的座談會我也有到訪學習。

▲圖片引用來源於 價值思維學堂，所有圖片版權歸屬原出版者

上過了很多大師級的課，讓我形成了自己的投資風格

2018 年我的投資組合有 8 只股票，2019 年時我只是購入了 1 隻股票。

我的投資方特色就是 – 簡單。

因為如此，我在 2019 年回酬是 46.65%，2020 年回酬是 60.80%

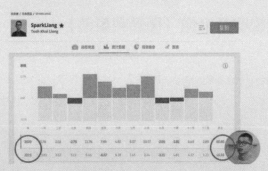

▲圖片引用來源於 價值思維學堂，所有圖片版權歸屬原出版者

"通貨膨脹正在侵蝕你的財富！"

最後和你分享關於通貨膨脹這件事情。

每次過了一個月，你的薪水進帳了。你把薪水的一部分用作生活的基本開銷，衣食住行，並留了一部分用作儲蓄，為了讓你未來可以有更好的生活。

你把儲蓄的錢存入銀行定期存款，你滿懷欣喜地看著戶口裡的錢越來越多。

對，數字上來說你的錢是變多了，但因為通貨膨脹，你的財富正滿滿的變少，正在以你想像不到的速度在變少。

每年的通貨膨脹約 3% 至 4%，而定期存款能夠給你的利息只有不到 2%，財富減少的速度，是你增長的速度的約兩倍。時間越久，差別越明顯。

「你需要的是一個更好的累積財富方式——學會理財投資」

只有超越通貨膨脹，才能讓你的財富從本質上持續增值。

2、課程說明及介紹（優點和幫助）

由價值思維學堂精心設計，

一門學校沒有教的理財投資知識

這是一個專門給想要在

2021 年增加財富，解決財務煩惱的人 的線上理財課程

> 「理財投資訓練營 2.0」
>
> 14 天的時間，手把手帶領你從一個理財小白，走向理財達
>
> 人，告別財務煩惱，
>
> 累積你的第一桶金。

14 天重新主導你和錢的關係，

打造屬於自己的高效理財系統

為什麼就算數學足夠好，

你也未必能把理財做好，開心地生活？

為什麼我們身邊所發生的悲劇都和錢有關係？

為什麼努力的人總是被錢無窮無盡地困住？

為什麼錢總是那麼難賺，卻那麼容易流走？

為什麼我們總是被錢限制我們的生活？

為什麼我們常聽到很多有錢人即使很有錢，卻都過得不開心？

當你面對你的收入不夠填補你的開銷，（可能還有負債，）面對生活種種的現實約束，這時的你已經開始離你的理想生活越來越遠。無可否認，你就會問你自己以上那些問題。

然後你選擇跟隨這個社會普遍的勸告，他們叫你更努力賺錢、把錢省下來、投資股票和地產、再開始做自己的生意，這樣做就可以擺脫不開心的生活。

可是，是真的嗎？這樣做就可以開心生活了嗎？

如果你覺得這些話很有畫面感，感覺很熟悉，證明了你從來沒有被告知理財成功的真相。其實真正有效的理財，你在學校根本不會學到（學校也不會教）。有效的理財方法不只是一個數學題，甚至普通有錢人都不一定會（或能）告訴你。

世界 3% 金字塔頂端的有錢人從不告訴你理財真相：思維為先，方法為後

很多人在生活中總是去尋找許許多多的賺錢方法，而你身邊也會有不少人給你各種建議。很不幸運的，你會發現為什麼他們可以辦到，你就怎麼都做不到。但萬一你幸運了，你又發現自己賺更多，花更多，生活比以往壓迫，越過越不開心。對你來說錢就變成像狗餅一樣，"牽著"你的鼻子走。

就是這個真相（思維為先，方法為後）區分了活得開心和活得不開心的有錢人。

如果你面對到這個問題，其實這不是你的錯，你只是被社會慣性影響了你看待錢的觀念而已。因為社會只教你專注在如何賺錢、聰明花錢、省更多錢、做各種投資等，卻沒有幫你建立良好的理財思維，所以你就一直在重複做追錢的工作。

最終，你會感覺到錢會變成你的阻力大於你的動力了。唯有了解核心理財思維，我們就能擺脫這個惡性循環。

結合思維和方法，

你也可以輕鬆地達到理財目標

雖然擁有好的理財思維，你就基本上已經 60% 成功了，因為從此以後你會把錢看成更像是你的朋友（工具）幫助你完成你每一個理想，你再也不會感受到阻力。

但是這時我告訴你，你只需再做多一點點，你就可以擁有一個更輕鬆、更有效、甚至更快（屬於自己）的方法去完成你的理財目標，難道你要選擇錯過最後一步嗎？

既然你已經知道了問題所在，為什麼你還不行動呢？你心裏的潛臺詞……

1）**理財投資是有錢人才需要做的事，不關我的事**

很多人工作了 5 年 10 年都還是存不到自己的第一桶金，很大的原因就是因為他們覺得理財是等到有錢了才做，結果等著等著就錯過了理財的最佳時機，浪費了很多年的時間。錢不是等到有了才來理，而是理了才會看到財。

2）**理財投資都是騙錢的，好好努力賺錢才是最重要的**

巴菲特說：如果你沒辦法在睡覺時也能賺錢，那你將一直工作到死。工作賺錢的重要性無可否認。但不懂得理財，當你無法在工作時，你將面對的問題將會是難以想象的大。而且如果不理財，你的退休對你來說就不是計劃，而是夢想，只是夢一夢、想一想。

3） 我聽到的方法都不夠有效，我還在尋找這一個更有效的方法才要開始行動。

理財投資不是讓你一夜致富，有的話，那就像上面說的是騙錢的。理財投資的方法有很多，沒有絕對最好的那個，只有最適合的那個。但如果說最適合開始理財的時間的話只有一個，那就是今天。立刻行動開始學習理財，就是對你來說最好的方法、最好的行動。

4） 我已經知道我要怎樣做了，只差行動罷了

理財絕對不是方法而已，更重要的是思維。如果你已經懂得怎樣做，就差行動的話，就意味著你根本還沒有具備可以開始理財的技能。因為如果你已經具備這個技能的話，你就絕對不會再等待，而是應該立刻就開始了！

唯有思維會帶動行動，唯有行動可以造就結果，只有建立一個理財大師的富人思維，才能讓你的理財工作真正發揮功效！你準備好要建立你的富人思維，開始行動，創造屬於你的未來夢想了嗎？

一個結合思維和方法的線上理財投資訓練營。

告別虛有其表的理財方法，學習實實在在的理財技巧。沒有廢話，保證給你滿滿的知識，滿滿的價值。

隆重介紹 - 2021 年全新改版升級「理財投資訓練營 2.0」

　　一個結合思維和方法的綫上理財投資訓練營。告別虛有其表的理財方法，學習實實在在的理財技巧。

　　沒有廢話，保證給你滿滿的知識，滿滿的價值。

▲圖片引用來源於 價值思維學堂，所有圖片版權歸屬原出版者

　　入 2.0 升級版！通過這個 結合理財思維和方法 的訓練營，你將會探索到以下 5 個秘密

1. 掌握普通人致富最關鍵的秘密與訣竅

2. 想成為有錢人，你不需要富爸爸，你需要的是一個富腦袋。學會富人思維，讓你遇到任何金錢上的問題，都能夠輕鬆應對

3. 解決生活中所遇到的財務問題

4. 用最有效率的方式賺錢存錢、用最實際的方式保護你的資產、用最想輕鬆的方式解決你的債務

5. 開始你的投資，並從中獲利

6. 學習普通人也能夠立刻執行的投資策略，讓你的資產在低風
   險中，持續增值

7. 解鎖你的財務自由之路

8. 結合理財和投資累積你持續性的被動收入，讓你的未來不需
   要為了錢而奔波

9. 實現你的理想人生

10. 早晨醒來，你不需要再煩惱工作的薪水能不能夠支撐生活費，
    而是能過上自己想要的理想生活

「理財投資訓練營 2.0」

課程簡介

在這個超過 18,900 位學員報名的 14 天理財投資訓練營中
你將會學習到以下 5 大致富法則和 9 個富人 " 不能說的秘密 "

第一課 - 富人跟窮人的關鍵區別

　　　　－ 像要成為富人，你就需要和富人學習，你將了解富人
　　　　之所以會變有錢的關鍵秘密

第二課 - 你真的了解理財嗎？

第三課 - 累積財富的關鍵秘訣

第四課 - 凡事算一算，讓你更加了解自己

第五課 - 你的目標，決定了你的未來

第六課 - 致富法則 1 - 對自己好一點

第七課 - 致富法則 2 - 提升你的時間價值

第八課 - 致富法則 3 - 學會管理開銷以及債務

第九課 - 致富法則 4 - 保險不是買越多越好

第十課 - 致富法則 5 - 靠投資來創造被動收入

第十一課 - 投資股票跟你想像的一樣嗎？

第十二課 - 普通人最適合的投資策略

第十三課 - 如何避免投資虧錢

第十四課 - 成功 = 時間 + 行動

3、對我的影響和學習

這 14 堂課非常的精采，不但每一課有思維導圖（心智圖），幫助我們把重點記下，也能改變我們的思維～以下我只節錄出課程重點和我的感受

祥細的上課內容要鼓勵大家實際去參與課程喔～（很多有價值的獎品是上課的同學才有喔）

■ 課前讀物 ■ ■ ■

富人 VS 窮人　作的不同是什麼？

開課前，建議大家先去閱讀《富爸爸，窮爸爸》這本書，

若是沒有這本書的同學，也不用擔心，大家可以觀看以下的課前讀物。

可以把這本書／影片的重點寫下（形式與字數不限），並且交給班主任，就會收到《免費學習各種金融商品的投資基礎》的禮物了！

此篇讀完仍有 for 年職人的 "你一定要會的職場生存技能" 網頁文章分享

<u>給年輕人的五個小建議</u>

年輕人應該如何規劃職業生涯？給不知道想找什麼工作的你

看完影片仍有網頁文章可以學習～

■ 課前需知 ■ ■ ■

《理財投資訓練營》創辦人 - Yong

馬來西亞一位有執照，並且受認證的國際金融理財師（Certified Financial Planner）

價值投資學堂創辦人 & 本次課程審核導師 - Spark

《理財投資訓練營 2.0》優化人 - Timothy

<u>入營表格</u> 填寫完個人資料，系統會為我們安排助教，就可以開始上課囉

第一課　富人和窮人的關鍵區別

改變思維，才能改變生活乃至於我們的生命，有一部火紅的紀錄片，英國 BBC 的《人生七年》（英文名字叫 7 up）。從 1964 年開始，英國格拉納達電視公司拍攝報導了一群 7 歲的小孩。這群孩子來自不同階級，有的家境富裕，有的出身貧寒。

這部花了將近 60 年時間的紀錄片，記錄了這群孩子們赤裸裸的人生。

（PS：大家如果想知道這部紀錄片裡富人和窮人孩子們的結局～可以到網路上去搜尋 "人生七年" 可以找到相關的視頻影片去觀賞及感受）

第一天可以學習什麼：造就富人與窮人之間的差距，是"思維"。

1. 什麼是思維？思維是看事情的高度。窮人總是說，我辦不到，然後就沒有然後了；富人說，我目前辦不到，但我該怎麼做，才能夠辦到。
窮人總是消極的不前進，不改變，富人是積極的找方法，願意不斷嘗試。

2. 為什麼改變思維那麼重要？

因為**窮**思維會遺傳。父母和老師教的傳統金錢觀念並沒有用，我們不想像他們一樣。

所以我們該跟有富人思維的人來學習他們的思維模式～

3. 那要怎樣才能改變思維？找富爸爸交流，多上課，多閱讀。

我自已的經驗就是找到好的理財老師，好好跟他們學習，不只上他們的課，讀他們的書

也把握機會向老師們請益及學習，老師服務過富人，所以了解富人的思維

透過讀書（ex：有錢人和你想的不一樣），及上課跟老師學習，也是非常有效的改變思維方式。

當我們的思維開始改變，往後的人生也會開始改變！

第二課　你真的了解理財嗎？

- **理財大藍圖**
- **理財的目的？**

請問什麼是你的理財藍圖？理財的目的是什麼？

生活的一切都需要花費、花錢，所以我們除了賺錢，也要理解理財的目的與藍圖～

第二天可以學習什麼：

1. 理財投資的目的就是為了累積「生產性資產」。「生產性資產」產生的被動收入就好像「印鈔機」一樣，一直不斷的印錢給我們花。

2. 要達到財務自由，就要累積生產性資產，讓你的資產為你創造被動收入。當你的被動收入多過你的開銷的時候，你就財務自由了！

3. 「金鵝思維」不斷累積金鵝，金鵝過後下的金蛋，就等於我們的被動收入。

4. 大部分人無法累積資產的原因，是因為提早殺死了金鵝、開銷太大，導致錢還沒有變金鵝之前就死了！

5. 沒有金鵝的話，你一輩子都不能停止工作，因為你的開銷是一輩子的。當你的錢，應付不了開銷的時候，就會陷入負債。如果陷入負債，你就變成你債主的金鵝，不斷的賺錢給你的債主。

6. 在接下來的理財投資訓練營，將會學習到一套「致富法則」，主要分成 2 個部分。第一個部分是學習如何提高收入以及如何管理開銷還有債務，讓自己能夠存多點錢。第二個部分就會學習如何把這些存下來的錢用來買入金鵝，打造被動收入！

　　如果我們辛苦賺的錢不能為我們再賺錢，那我們可能永遠無法停止工作。唯有把賺來的錢投入 ”生產性資產 = 金鵝”，才能不斷的為我們帶來 “被動收入 = 金蛋”，如果我們沒有自己的”金鵝”，我們可能永遠是替別人賺錢的”金鵝”，現在

是否有感受到 "學會理財" 對我們的人生有多重要的影響，讓我們繼續努力的學習吧。

第三課　投資，越早開始越好　~ 複利力量

累積財富的關鍵秘訣 - 複利

- 累積財富的根本力量
- 運用時間來幫助你增長財富

這一課最重要的是要了解什麼是複利？及複利的力量 ~

在我們的生活中，我們一般上接觸到的都是單利，但如果我們懂得把每次的利息收入再重新投入投資的標的，就會得到複利的效果，那誰是複利力量最好的代言人呢，就是股神巴菲特 ~

巴菲特的財富是靠複利累積起來的，以每年 20% 的獲利在 2008 年時成為了世界首富。不要小看這個 20%，透過複利，50 年下來，20% 的獲利會讓你的 1 塊錢變成 9 千 100 塊。讓你的資金增長 9 千 100 倍，所以時間是我們最寶貴的資產，提早開始投資才能讓複利來增長我們的財富。

第三天可以學習什麼。

1. 複利是我們增長財富最好的幫手，把賺到的利息持續投入，讓我們的財富持續增長。時間越長，效果就越明顯。

2. 如果遲開始投資，就要付出很大的代價。需要投入更多資金，冒更大的風險，花費更多的時間

3. 投資越早開始越好。好好的利用時間這個資產，不然，錯過了就回不來了

大約在 15 年前我就買了基金，大家猜猜到現在有多少獲利？

答案是獲利了 45%，因為只有單利，所以在基金上的獲利並不如當初所想的定期定額就可以簡單財富自由。

所以我在 9 年前開始投資股票，雖然每年幾乎都是獲利，但我發現這仍然是單利，因為我的投資方式是最簡單的低買高賣。直到去年我跟老師學習，才知道唯有投資並把獲利再投入時，才有複利的威力！

所以我目前的投資大部份都是穩定的長期投資，並且設定了每年的收益自動添加回原本投資的本金裡，這樣子隔年的收益就是用前一年度的本金加上收益的總金額下去滾動，就可以達到了複利的效果，所以為了讓這效果極大化，我們就必須愈早開始愈好，才能在不遠的將來像巴菲特一樣財富自由！

（PS：三天上課內容只要回答助教的問題才可以得到神祕禮物～這個要上課及答問才能擁有喔）

第四天：凡事算一算，讓你更加了解自己！

第四天可以學習什麼。

1. 學會量化思維。凡事都先算一算，不要依靠感覺做出判斷。

2. 要量化出自己的財務狀況，知道自己目前的資產負債情況。

3. 計算出自己的時間價值，看看自己目前一個小時值多少錢。然後想辦法去提升自己的時間價值！

4. 你的時間比金錢還要重要。時間是非常有限的，所以要去提升時間價值，千萬不要落入用時間換錢的老鼠圈。

5. 要在對的事情上面努力。再窮都好，你都一定要學會理財、投資、以及不斷的去學習、增值自己。

　　我們的時間重要，還是金錢重要？我的時薪是多少？

　　當我需要花時間去作一件事的時候，我該自己動手去作，可以省下要花費的錢

　　還是我該請別人來作，因為同樣的時間我可以賺入更多的錢？

　　這關係到我們當時的時間價值如何？所以在學習理財的同時，我們該努力的先去提昇我們的工作價值，才能爭取到更高的時薪，能把時間空出來去學習和成長，而不是把時間都花費在工作上，因為我們的每一天都不會再回來，時間相對於金錢應該還是無比珍貴的，盼望我們都能理解時間的價值，這會讓我們更懂得怎麼去量化我們的財務狀況，並積極提昇自己的獲利能力。

　　（PS：第四天上課的神祕禮物是 "資產負債表EXCEL檔" ～這個要上課及答問才能擁有喔）

第五天：你的目標，決定了你的未來

　　《人性的弱點》的作者——卡內基曾做過一個調查，他發現世界上只有 3% 的人能夠有確定的目標，並且知道怎樣把目標落實。而另外的 97% 的人，不是沒有目標，就是目標不明確，再不然就是不知道怎樣去實現目標，沒有規劃。

　　第五天可以學習什麼。

1. 目標就是你在未來某個特定時候想要，並且可以達到的成就，或是想擁有，並且可以得到的東西 / 生活。

2. 明確的目標，可以決定你未來的生活狀況，讓你集中精力，也是你前進的動力！

3. 要制訂一個明確的目標，可以透過理解自己想要什麼，分析並且量化自己的價值，拆分目標，將你的目標可視化，並且開始行動，然後不斷的檢視自己的進度！

4. 富人一定都會有明確的目標，只有這樣，才能夠有動力去行動！

　　明確及量化的目標，是我在這一課學到的，所以今年初我把 13 項明確目標列出的同時，也把所有目標數據化，例如：成功瘦到 61 公斤、每晚 11:30 前上床睡覺、今年 2 月底前寫完這本書…等等

　　當大目標訂立好了，就可以設立很多小目標去每天執行和

檢視，由每天的小成功來累積成年度目標的達成！分享一個好
消息，我目前已瘦下 4 公斤了，繼續朝減重目標邁進！

這裡分享我 2021 的目標給大家 ~ 請大家不吝指教 ~^^

阿倫的 2021 目標計劃

1. 個人工作

1. 讀完 100 本書並分享心得

2. 創立自已的部落格 &FB 粉絲團，分享所學

3. 創立自已的 YT 頻道，分享所學

4. 創立自已的 IG 及抖音，分享生活

5. 出版第一本書

6. 上課學習會如何經營部落格、YT、IG 及抖音

7. 完成第一次的講座

8. 開啟線上 / 線下課程

2. 家庭

1. 每天和家人共享早餐和晚餐

2. 出席孩子的學校活動，主動關心孩子

3. 節日到了要顧到家人的需要，陪他們出遊及慶祝

4. 每周末陪家人出外走走，太太要開心，全家都開心

5. 每晚陪孩子運動、晚禱、學英文、玩手遊

7. 為父母們的健康多有禱告及陪伴

8. 學習在愛裡對家人說話，用鼓勵代替責罵和要求

3. 健康

1. 成功瘦到 61 公斤，並維持住

2. 每晚 11:30 就要睡，不要拖到 12 點

3. 持續 168 斷食法，晚上不吃或只喝湯

4. 只有週末才能喝手搖杯，而且最多三分糖

5. 不喝冰的，只喝養生茶之類

6. 每周除了六日的籃球，平日晚上也要棒式 2 分鐘以上 和跳繩 500 下

7. 堅持冷水澡，學會冰人呼吸法

8. 垃圾食物一星期只能吃一次

4. 財務

1. 基本理財投資 獲利 8~12% 以上

2. 投資區塊鏈虛擬幣 獲利 20~40% 以上

3. 擴大理財投資項目至 15 項以上

4. 新線上課程目標 500 人

5. 新書目標銷售 3000 人

6. 被動收入目標成長至 6 萬 / 月

5. 人際關係

1. 每一 ~ 二天分享好文給朋友

2. 臉書、IG、YT 上的朋友也要經營

3. 去參加課程認識新朋友

4. 認識 200 個以上的新朋友

5. 找到 100 個以上的伙伴

6. 靈性

1. 每天起床第一件事向主禱告，並找弟兄一起晨興

2. 愛是極超越的路，需要一直與神有連結～

3. 遠離所有負面的人事物，從神得著生命的真光

4. 學習在神的愛裡幫助別人，不求回報

5. 每週至少一小時傳福音，希望得著一位常存的果子

7. 學習

1. 上完之前買的所有線上課程，並把重點分享出來

2. 每月讀 8~9 本書，並把重點分享出來

3. 上課學會 YT（影片制作），FB，抖音，部落格的經營

4. 跟我的老師及同學 學習他們的技能及特質

5. 學習整合我的所學，加上我的經驗和發想，成為我的獨特產出

6. 學會流暢的彈琴及 Ukulele

8. 旅遊

1. 每 1~2 季渡假至少一次，可以出國的話，出國 1 次

2. 週末陪家人外出走走（當天來回）

9. 運動

1. 籃球學會背後運球及轉身過人及三分球

2. 棒式能堅持 5 分鐘

3. 跳繩 800 下

4. 學會一項新的運動

10. 娛樂

1. 每天玩手遊不起過半小時

2. 彈琴唱詩享受神

3. 買鬼滅之刃 PS4 來玩

4. 陪孩子玩手遊或 PS4

5. 每週末和孩子一起打籃球

11. 創作

1. 創立自已的 Brand

2. 平均每週產出 2 篇讀書心得

3. 出版一本書

4. 創立自已的課程

12. 合作

1. 啟動個人品牌平台

2. 推廣 10 個老師的 線上課程或服務

3. 與其它老師課程合作

13. 成就

擁有自已的公司，成為自已的 CEO，擁有自已的團隊伙伴 100 位。

第六天：致富法則第一步 - 對自己好一點！

　　某求職網發布「新冠薪貧族 VS. 疫後斜槓族調查」，調查結果顯示，**40.7%** 受訪者是每月薪資幾乎花光甚至透支的「月光族」；**81.9%** 認為每月薪資不夠應付生活上所有開銷，平均必須加薪 9831 元才夠用。

　　不管在中國，馬來西亞或台灣，有非常多的人，他們是活在貧窮線以下，大部份的他們都是月光族，只要他們一失去了工作，馬上就面臨填不飽肚子的困境。

　　什麼是先支付自己？

　　簡單來說，支付自己就是當你得到一筆錢時，要先把那筆錢使用在能夠幫助自己財務自由的地方。用白話來說，就是讓你先存後花。每個月拿到工資時，你要先把一筆錢存下來，剩下的錢就是你可以花的錢。

　　在《富爸爸，窮爸爸》這本書中，作者說，支付自己，是最重要的理財原則。即便你是陷入債務、資金短缺，你都要先支付自己。寧願銀行向你催貸、房東向你討債，你都要保證先支付自己。

　　第六天可以學習什麼。

1. 世界上有很多人都沒有先支付自己。這導致他們很容易陷入生活的老鼠圈。

2. 支付自己的意思就是先存後花，把賺來的錢留一部分在自己身上，放在能夠讓自己財務自由的地方

3. 如果不支付自己，等於謀殺未來的自己！

4. 支付自己的方法：準備 6 個月的緊急預備金，做好預算，設定自動理財法，支付在自己的腦袋

5. 富人思維：一定要學會支付自己！富人積極的在支付自己，買入資產，讓自己儘快的財務自由！

　　我大約是從一出社會就設定每月一定要存錢，但剛出社會一開始的 1~2 年由於薪資較少，能存下的錢非常有限，所以也不敢去作任何的投資。直到轉換了幾個工作後，薪水有增加了，存下的錢才慢慢的顯著增加，也在 10 多年前作了第一次的基金投資，並在 9 年前開始投資股票，所以要成功的建立支付自己的習慣，

　　我的心得有三項如下：1、增加收入 2、存急用金 3、理財投資。

　　這樣子我們能確保每個月是維持正現金流，有多出來的存款，可以把這筆錢扣除掉生活急用金外，主要作二個用途，1、用在學習更多的理財工具及知識或專業的賺錢技能 2、把另一筆錢投入到規劃中的理財標的，這樣才是透過支付自已，投資自已和好的理財項目，來為未來的家庭或退休所需要的花費，先作好佈局。

第七天：致富法則第二步 - 提升你的時間價值！

　　昨天我們學到了要致富，擺脫月光族的第一法則，那就是要支付自己。但是許多同學都會面臨一個問題，那就是每個月

的收入都必須要支付固定生活開銷，沒有多餘的錢來支付自己了。如果你也是這樣的情況，那麼這堂課你一定要好好的學習！

在這堂課，我們將會跟大家說明，如何增加你的收入！好讓你能夠有更多的錢，來支付自己！

1. 要增加主動收入，就要提升時間價值。要提升時間價值，重點不在於你有多努力，而是你所做的東西，能夠產生的價值以及結果！

2. 用時間來賺錢就要把「把同一份時間賣得更貴」：你可以利用談判薪資，以及銷售技巧來增加你的時間價值。

3. 此外，你也可以把「把同一份時間賣的更多次」：善用內容創作，以及聯盟行銷的技巧，讓你花一次時間，效益多多。

4. 提升收入的富人思維：一定要提升自己的能力，提高能夠產出的價值，而不是一直盲目的努力。

    我的正職工作是一個業務主管，已有 23 年的銷售經驗，

    在我的上一個工作在美商電子貿易公司（當時是業務員），業績獎金的總收入是沒有上限的，只要能為公司爭取到更多的營收獲利，就可以領到更多獎金，所以我用竭力的工作存到人生的第一桶金，也開始投資。

    除了開始學習投資，我也在思考，怎麼讓自己的薪水 - 主動收入再增加？

    作為一個 sales 最重要的就是業績數字，那要怎麼提昇業績呢？

我找到二個提升自己的方法：

一、學英文

我希望我的客戶對象不只拘限在台灣，而是能夠銷售到全世界，所以我利用平日晚上及週六去英文補習班學英文，並在後來考取致理科技大學的應用英語系，提升自己的英文口說能力。

二、學銷售

當然在我的工作中，可以跟長官及同行學習，但我相信一個好的 Sales 是會持續進修的，所以我不只去上英文課，連業務銷售技巧的課程也是我進修的方向，唯有加倍努力，我們才能一直的成長。

以上都是我的經歷及現在正在實行的方向，讓我可以節省時間，增加收入。

第八天：致富法則第三步－學會如何管理開銷以及債務！

今天我們就來談談，開銷以及債務的部分！

畢竟要更多的支付自己，除了賺更多錢之外，就是要管理好自己的開銷了。

不然，無論你賺再多的錢，但是不懂的管理自己的開銷話，你還是無法改善你的財務狀況！

第八天可以學習什麼。

想要更快的達到財務自由，除了增加收入之外，就是要學會「節流」，就是如何管理你的開銷以及債務。

1. 開銷的問題可以歸納為 2 種。第一種是永無止境的慾望，因為人的快樂跟慾望是會通貨膨脹的！第二種，就是你沒有想過的意外開銷。

2. 如何控制慾望？記得等價思維，花錢在慾望上，就必須要犧牲可以讓你達到財務自由的錢！如何解決意外消費？存好緊急預備金，買好保險！

3. 拿下債務，是為了消費享樂，還是用來買入金鵝增加現金流，決定了你的債務是好的債務還是壞的債務。

4. 如何解決債務？第一是，**雪崩式還債法**，第二個方法是，**滾雪球還債法**。第三個方法是，**債務重組**。

5. 富人的債務思維，拿下好的債務，創造更多的現金流；盡量避免壞的債務，以免剝奪自己的現金流。

在控制開銷這一個點上，我自己最常用的方法，是在要決定購買這筆花費前，再詢問自己：

這是我想要的？還是我真的需要的？

如果是我想要的，我會限制自己每個月只能花費在多少的金額以內？

如果是真的需要的，同樣也要作計劃上的分配，如果迫不得已需要在單月花費超過預算，那我想要的東西花費就暫時先停止消費。

如果沒有透過這種方式來限制自已的慾望並練習用理性來對待自已理財，我們很難有正現金流的產生及幫助，這是理財投資的起點。

債務的部分，由於小的時候家裡曾欠過債，所以對於債的經驗是非常差，覺得這世上的債都是不好的，但出了社會經過學習才曉得，如果我們能妥善的運用好的債，不但能產生正現金流，還能創造出理財投資效益，所以這一課對於我們學習債務的好壞分辨是非常重要的，但如果是壞債也需要運用老師所教的三種方法來依債務狀況作好還款計劃，讓好債幫忙賺錢，讓壞債儘快打消。

這裡請特別注意到富人的債務思維，他們都是藉此而打造更多現金流和被動收入。從去年學習後，我也學會了妥善運用財務的槓桿，以好的債來為我打造更多的理財投資收入，這是至關重要的一點，我們要真的學會讓 錢成我們的另一個分身來為我們賺錢。

第九天：致富法則 4 - 保險不是買越多越好！

說到理財投資，大部分的同學都會把關注點放在賺錢、存錢、以及投資上。但實際上，在還沒有開始學會賺錢之前，我們得先保護好自己已有的財產。

想像一下，你辛苦工作好幾年，好不容易買了一套房子。

結果在拿到鎖匙的當天，火災發生了。你努力打拼換來的房子，在短短的幾個小時內，化為灰燼。你什麼都沒了，會不會很心痛？

再舉個例子。剛出社會工作 10 年的你，好不容易存到了 20 萬。你本來打算用這筆錢去投資、買房、結婚生小孩。忽然間，你不幸患上了武漢肺炎。失去工作能力的你，收入也被暫停了。雪上加霜的是，你的衣食住行、銀行貸款信用卡、口罩治療抗生素、身體檢查住院費，等等的開銷，都需要花錢。

這時，如果你手頭上沒有任何轉移風險的工具的話，你就只能花掉之前辛辛苦苦存下的 20 萬存款了。如果你的病情持續惡化的話，那麼你的 20 萬，很有可在幾個月內花光。要知道，很多時候醫療費不是我們說了算，在緊急的情況下，多少錢我們都會付，隨隨便便一個小流感，就會花掉我們幾千塊錢了，更何況是武漢肺炎。

第九天可以學習什麼。

1. 保險的本質，是用來**轉嫁風險**。花小錢獲得大保障。

2. 保險的 4 大種類有**醫藥保險、36 種疾病保險、人壽保險、以及意外保險**。

3. 保險應該優先保障家庭經濟支柱。盡量使用淨收入的 **10%** 預算，來購買保險。千萬不要買太多，也不要買太少。先買醫藥意外險，能力允許以後再買人壽疾病險。

我大約是出社會 5 年時就買了醫療險 & 意外險，大家應該都很清楚，所以由終身的醫療險在最近幾年都已經停了，我有幸當初已有投保，但其實我的保險其實仍不足夠。

但到最近幾年才因為要照顧家庭的因素也保了人壽險，非常認同保險的重要性，

所以不只我自已確認好我的保險配置，也同時幫忙我的家人都陸續保險，唯有先為家人都設置了安全的保障，我們才能在意外發生時將傷害降到最低，盼望每個朋友都了解保險重要性也確實的為自已和家人預備了足夠的保障。

第十天：致富法則第五步－靠投資來創造被動收入！

• 教你什麼才叫做真正的投資

每個人投資的目的都是為了賺錢。可問題是，很多人連投資的資產到底是怎樣賺錢的，都搞不清楚。

第十天可以學習什麼。

投資什麼樣的資產最明智呢？

1. 投資生產性資產和非生產性資產之間，應該選著投資生產性資產。因為，不斷的創造收入盈利，創造價值，增加我們的財富。

2. 生產性資產的賺錢方式有三種，一種是【分紅】收入，一種是透過【差價】，還有一種是藉錢出去賺取【利息】。

3. 為什麼買入生產性資產是最好的選擇，因為生產性資產能夠為你帶來被動收入，也比較容易預測未來趨勢，以及風險相比之下較低。

　　這一課學習到兩種資產，生產性及非生產性，記得我小時候最喜歡集郵，因為大人說郵票可以保值，未來還可能可以賣高價，後來稍微長大也收集舊鈔，同樣是大人給的保值觀念。但真的出了社會才了解這些都是非生產性資產，除非市場有需要才有價值，而且獲利也僅僅是 "差價" 而已。而生產性資產最有代表性的就是投資一家好公司（成長型企業），當我們投資到一家好公司，這公司會隨著時間成長，而我們是股東就可以獲取分紅、差價及利息 三種收入，所以找出及投資好公司是最好的收入增加方法之一，也是透過長期理財投資致富最重要的策略方法。請記得世界上只有一個股神，那是因為他真的善用了複利的力量！

　　（PS：第十天上課的禮物是 "信託基金 101" ～，這個要上課才能下載喔）

第十一天：投資股票，跟你想像的一樣嗎？
什麼是股票？

　　相信大家都常聽到說投資股票可以賺錢。但是你真的了解到底什麼是股票嗎？為什麼投資股票可以讓你賺錢？公司為什麼要發行股票讓你來賺錢？這些問題，你想過嗎？

　　我給大家一個例子。今天你跟你的一位朋友想要一起創業，開公司。於是，你們決定一個人出 5 萬塊來投資在這家公司上。

那就等於在這家公司，你跟你的朋友，一個人各佔了百分之 50 的股份，也就是一半的擁有權。

於是呢，為了要證明，你跟你的朋友都各佔了公司百分之 50 的股份。公司推出了 100 個單位的股票。

所以呢，公司的總價值目前是 10 萬塊，然後有 100 個股票的單位。意思呢，就是一張股票的價值是 1000 塊馬幣（10 萬塊 ÷100 張股票）。所以你跟你的朋友，手上各自都會有 50 個單位的股票，代表了你們佔有公司 50% 的股份！

第十一天可以學習什麼。

選擇股票的好處是，它是生產性資產，可以透過差價跟股息的方式來賺錢。

1. 要透過投資股票來賺錢，就要找到可以賺錢的公司。

2. 一個賺錢的公司，可以從財務報表來看公司之前的賺錢能力，也可以從去了解公司的競爭能力，從而判斷公司未來有沒有繼續賺錢的能力。

3. 選擇股票的好處是，讓你以小資本加入高門檻的行業；不需要打理公司，可以創造真正的被動收入；學習投資股票也可以增加你的主動收入；學習投資股票可以讓你不斷的成長！

我目前的工作是在一家科技業上市公司上班，我的公司本就有發行股票，所以從 9 年前開始，我因為工作的關係，除了能了解自己的公司，也了解相同產業的公司，還有我們的客戶（大都也是知名上市公司），因為了解這些公司，也知道他們的獲利能力及穩定性，所以我在過去 9 年的投資策略皆是中長期持有，透過差價為主來獲利（部分股票是長期領股息），我能夠在 9 年中間幾乎每年的獲利的最大原因在於：因為工作的因素，我比任何一般的投資人，更了解這些公司的狀況，且加上對於財報的觀察及能收集到的資訊，只要中長期持有，勝率絕對比一般人更高。所以股神也提醒我們，絕對不要投資自己也不了解的股票，那就是一種賭博、投機，而不是投資了。所以在投資股票之前，請先詢問自己作了多少？對這家公司有多了解？你的進場點和出場點是否已設定？這些投入的資金是否能完全放置等待獲利才出場？又或者能遵守記律的在停損點會立即出場呢？敢於認虧出場，同時也是我這 1~2 年學到最多的功課，因為那是我們珍貴的時間成本。所以投資股票，請先作好準備功課，再出手！

第十二天：普通人最適合的投資策略

今天我們就來談談，應該選擇怎麼樣的股票？我們應該使用什麼策略來投資？

第十二天可以學習什麼。
1. 根據自己的風險承受能力，找出適合自己投資的資產類型。
2. 最適合普通人的投資策略，就是定期定額定投。
3. 什麼是定期定額定投？定期定額定投，也叫作定期定投、又或者是定額定投。意思是，在固定的日期裡，撥出一筆固定的數額，並固定把這筆錢拿去投資。

4. 定期定額定投的好處是，可以降低投資風險、長期來說穩賺不賠、以及可以強制儲蓄。

5. 定期定額定投可以幫助我們累積財富，不過，如果想要加速累積財富，我們就得增加投資本金，以及提高我們的投資回酬。

6. 除了定期定額定投，還可以定期定額儲蓄，等待合理價格投資，但是前提是，必須要先學習。

　　定期定額是我在 10 多年前投資基金時就使用的方法，每個月固定從薪資裡扣除 3~5000 元，經過幾年所累積的本金和收益也不錯（45%），不過後來投資股市後，發現把定期定額的方式用在股市可以比基金有更高的收益，所以我們該作的是學習怎麼找出好的股票／公司，然後有紀律的存錢並定期定額以 10 年以上的長期持有來投資。

　　這裡的重點是在於怎麼找出適合你風險承受能力及投資策略，如果你非常保守，只希望有股息收入就滿足，那可以買金融股及高股息的公司，如果你希望長期持有（10 年以上）看好未來，可以佈局在成長性的企業，端看個人的個性及需要來作投資標的選擇，所以請先了解自己，再作功課研讀了解，用嘗試的方式先從低價股或零股開始用實戰的方式，成長最快。

第十三天：如何避免投資虧錢

• **讓投資持續賺錢的正確心態**

巴菲特也說過："風險來自於你不知道自己在做什麼。"

只要是我們不熟悉的投資，我們千萬不要碰。雖然我們可能會因此錯過一個很好的投資機會，但是，如果我們不知道自己投資的是什麼，風險是非常大的，而選擇不去冒這個風險，其實是個更明智的決定。

但請相信我，很多新手都曾犯過這些很【低級】的錯誤。所以，真心希望你們可以避免這些投資前輩們犯下的錯誤，好讓你們的投資旅途，可以走得順暢一些。

第十三天可以學習什麼。 投資虧錢的主要原因

投資虧錢帶給我們的影響是很大的。要開始投資，就要先學會如何避免虧錢。

1. 要保有獨立思考的能力。不要盲目相信別人的投資建議，別人適合的，我們不一定適合。

2. 找出適合自己投資策略。賺錢的時候不賣出，虧錢的時候就長期持有，造成虧多贏少的情況發生。

3. 對投資要有正確的觀念。這樣可以避免我們為了要快速致富而冒風險，以賭博的心態去做出投資。

4. 要做到以上幾點，就要續學習投資知識，然後不碰你不熟悉的東西。

這一課說到的是絕大部份的投資者（包括我）都會犯的錯，因為大家都貪圖方便，卻又不想學習，而且只希望獲利愈快愈好，所以最喜歡問別人明天那一支股票會漲，就算照著買獲利

了，可能連買的這家公司產品是什麼都不知道？所以當我們只會照著別人報的明牌來投資，往往我們就是最容易虧損及被套牢的那一群（我有慘痛經驗）～所以當未來我要投資任何一個項目時，至少我們該先了解那個項目內容，並且擬定好自已的投資策略（短、中或長期），停利停損點等，然後再分批投入，把風險降到最小。

第十四天：成功 = 時間 + 行動

- **你的金錢和時間在哪裏，你的人生就在哪裏**

    如果大家對學習投資股票感興趣，想要學習正確的價值投資方法，並靠著投資股票創造被動收入，那麼，大家就要認真看看接下來我要介紹的《投資思維訓練營》了。

▲圖片引用來源於 價值思維學堂，所有圖片版權歸屬原出版者

    股神巴菲特的價值投資法一直是許多人心目中的典範和標竿。所以，在這 21 天的《投資思維訓練營》中，我們會教導你

巴菲特的價值投資秘訣，即使你是一個新手小白，你也能夠在三個星期內學會買入高價值的股票。

想要靠著投資股票創造被動收入，首先就要擁有正確的思維。就好像我們在第一課告訴大家的，思維會影響你的行為，你的行為就會影響你的結果。如果你一開始就能夠掌握正確的投資思維，那麼你在往後的投資道路上，就能夠更容易的達到你想要的投資結果。所以，我保證大家會在這 21 天內，學到有別於你以往所接觸的投資思維，讓你的投資能力更上一層樓。

另外，我們也會教導你如何從眾多公司當中找出適合你的股票來投資。我們還有一套獨有的「股票打分系統」，幫助你找出未來能夠持續不斷賺錢的好公司！

除此之外，我們也會教導你如何的對一家公司估值，算出公司的合理價格。在對的價格買入賺錢的公司，最大化你的收益！

最後，我們也會教導你如何去管理你的投資組合，持續地追蹤公司的表現。手把手教你用最少的時間，透過股票投資賺取屬於你的被動收入組合！

▲圖片引用來源於 價值思維學堂，所有圖片版權歸屬原出版者

　　《投資思維訓練營》的上課模式跟大家現在所上的《理財投資訓練營》一樣。除了每天 30 分鐘的線上課程，晚上還會有班主任和助教帶領你們學習，大家有任何問題可以隨時發問，不會就問到會為止！重點是，班主任也會在週末直播教學，直接解答你的投資疑問。

　　由於大家是理財課程的畢業生，所以我們決定給大家以一個優惠價格來報名我們的《投資思維訓練營》！大家如果想要獲得優惠價就去找班主任！班主任手上有少量的優惠碼，先到先得！

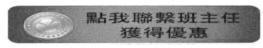

▲圖片引用來源於 價值思維學堂，所有圖片版權歸屬原出版者

　　今天報名的各位，我們也會附送給大家一個《財務報表全面分析課》，只要今天報名我們就免費送喔！

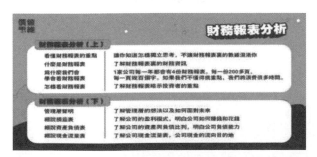

▲ 圖片引用來源於 價值思維學堂，所有圖片版權歸屬原出版者

　　大家都知道，要知道公司到底賺不賺錢，我們就要去查看公司的財務報表。根據我們調查，有將近 63％的同學是沒有會計背景的，換句話說，有一半以上的同學沒有會計知識。

　　但是，即使是這樣，大家也不必擔心，因為讀懂財務報表並不需要任何會計背景。為了讓大家能夠在短時間內，了解財務報表的重點，看懂你不了解的公司，我們將以簡單易懂的語言，跟大家講解財務報表的所有細節。

　　我們也會跟你分享閱讀財務報表應該要有的思維模式。讓你從財務報表的細節中，去發掘公司未來的潛能。教你閱讀財務報表的訣竅。讓你能夠快速了解財務報表的重點。

▲圖片引用來源於 價值思維學堂，所有圖片版權歸屬原出版者

■ 結語 ■ ■ ■

　　好啦！感謝你看到這裡，我們的《理財投資訓練營》就到此告一段落了。以後的路，價值思維學堂也會陪伴你一直走下去。

希望大家真的能夠好好的記得，我們的課程裡所教導的內容，然後付出行動，勇敢地去實踐吧！祝福各位同學們，在往後理財投資的道路上越走越順，能夠更好的改善自己的財務狀況。

今天這堂課的重點也很簡單，希望大家記住正確的行動 + 時間 = 成功。正確的行動，就要從人生的三大投資下手：投資金錢，投資時間，以及最最重要的投資自己。

這三個建議，在你未來的人生路上，會讓你受益終生！

■ 結尾 ■ ■ ■

好啦！感謝你看到這裡，我們理財投資訓練營就到此告一段落了，以後的路，價值思維學院也會陪伴你一直走下去。

第十四天可以學習什麼。

1. 正確的行動，將會決定你的結果

2. 你無法選擇你的出生，但是你可以選擇你的行動！

3. 應該做出什麼樣的行動？

4. - 投資金錢。人生的第一大投資就是投資金錢，通過錢生錢，讓我們早日實現財務自由。

5. - 投資時間。每個人每天都是 24 個小時，誰也不會多，誰也不會少。只有不斷地提高自己的效率，才能夠最大化你的時間價值。

6. - 投資自己。投資股票可能會虧損，但是投資自己永遠不會。

　　非常認同今天的學習重點，

　　投資金錢：我已把我的閒錢全部投入好的理財標的來為我持續獲取收益

　　投資時間：我除了不斷的學習，也跟很多優秀的老師及朋友彼此合作，讓時間價值最大化

　　投資自己：我持續不斷的進修學習，讓自己的收入提高，也能提供更多的價值給別人，老師的四種課程我有報名及參加了二種：理財投資訓練營及價值投資初級課（理財思維訓練營），我確實得到了極大的幫助和成長，希望你們也儘快報名參加，一起建構我們一生的理財能力！

■ **後記** ■ ■ ■

　　我第一次知道 Spark 老師，是在 youtube 上看到的視頻影片注意到的。我覺得老師在分享理財相關的知識時非常的專業又有親和力，聽完他的影片就不知不覺被吸引了，所以又陸陸續續的有空就上網看老師不定時更新的財經影片，忽然有一天發現老師竟然有在他專屬的"價值思維學堂"網站開立了"理財投資訊訓練營"。我看了課程的分享很受吸引，當然是立馬報名了！課程分為 14 天依序開啟，當我上完第一天的課程，晚上還有班主任在 Telegram 群組裡與大家討論當天課程，並給予學生們指導和協助讓大家對課程內容有更深的了解和理會。在這

14 天的課程中，我印象最深刻的是第五天 " 債務管理 "，理債確實是很重要要學習功課，懂得怎麼樣有智慧的減輕債務，更要怎麼懂得利用好的債務來增加理財的收入，這也是非常需要進修和嘗試的。另外我也非常開心在上完課後，有機會和老師合作來推廣老師的課程，覺得非常榮幸能有機會成為老師的伙伴，未來希望有更多機會來推廣更多老師的其它優質課程。

4、重點摘錄

第一課 - 富人跟窮人的關鍵區別

第二課 - 你真的了解理財嗎？

第三課 - 累積財富的關鍵秘訣

第四課 - 凡事算一算，讓你更加了解自己

第五課 - 你的目標，決定了你的未來

第六課 - 致富法則 1 - 對自己好一點

第七課 - 致富法則 2 - 提升你的時間價值

第八課 - 致富法則 3 - 學會管理開銷以及債務

第九課 - 致富法則 4 - 保險不是買越多越好

第十課 - 致富法則 5 - 靠投資來創造被動收入

第十一課 - 投資股票跟你想像的一樣嗎？

第十二課 - 普通人最適合的投資策略

第十三課 - 如何避免投資虧錢

第十四課 - 成功＝時間＋行動

▲圖片引用來源於 價值思維學堂，所有圖片版權歸屬原出版者

■ 上課連結 ■ ■ ■

https://pay.valueinmind.co/checkout-pfoc?_
ga=2.143028789.1056313394.1614393711-
1567095538.1594468033

　　（PS：本篇章文稿圖片出處 部分引用 價值思維學堂，所有
圖文版權歸屬原出版者）

肆之型 ●●●● ●
價值投資 30 堂課（好葉）

- ☑ 1、老師介紹
- ☑ 2、課程說明及介紹（優點和幫助）
- ☑ 3、對我的影響和學習
- ☑ 4、重點摘錄

1、老師介紹

▲圖片引用來源於 好葉學院，所有圖片版權歸
屬原網站 / 作者

BetterLeaf好葉是 **YouTube No.1** 的中文個人成長頻道

・上面有超過 765000 個訂閱學生

・臉書專頁有超過 44000 個粉絲，0 負評

・深度的思考，淺白的分析，具體的作法。好葉是一個專門提供動畫書評，實用冷技巧和行為心理學的學習平台。

　我創辦好葉的 YouTube 頻道，是一心想把自己學到的東西分享給更多的人，把自己學到、啟發到自己的知識簡化，并以影片的方式記錄下來。在啟發更多的人同時，也一直提醒著自己。

Better Leaf，顧名思義就更好的葉子，而叶子是一棵大樹重要的營養器官。葉子就好像是我們的大腦，我們的思維。這整顆大樹就是我們的生命。好的葉子就會吸收好的養分，讓整顆大樹更加茁壯的成長。同樣的，好葉想要把自己學到的，有用的好知識。啟發自己和更多的人，讓我們的生命往更好的方面發展。這就是好葉的意義

2、課程介紹（優點和幫助）

▲圖片引用來源於 好葉學院，所有圖片版權歸屬原網站 / 作者

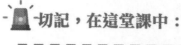

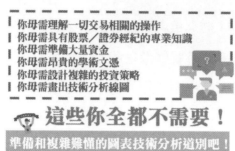

▲圖片引用來源於 好葉學院，所有圖片版權歸屬原網站 / 作者

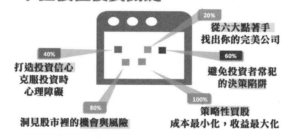

▲圖片引用來源於 好葉學院，所有圖片版權歸屬原網站 / 作者

▲圖片引用來源於 好葉學院，所有圖片版權歸屬原網站 / 作者

▲圖片引用來源於 好葉學院，所有圖片版權歸屬原網站 / 作者

☐《30 堂課搞定價值投資》的影片 - 終身會員（價值 $947）

☐ Bonus 課程《股息投資系列》（價值 $497）

☐ Facebook 私密臉書群組（價值 $241）

☐ 成長股投資清單（價值 $97）

☐ 股息股投資清單（價值 $97）

以上總值：1879 美元

友情特別優惠价：247 美元

3、對我的影響和學習

這 30 堂課非常超值，以下我分享每堂重點給大家：

線上課程的好處是不受時間跟空間的限制，只要有網路的地方就可以學習，而且《30 堂課搞定價值投資》還可以無限次

觀看，根據自身的狀況調整學習速度，所以不用擔心學習速度跟不上來

　　<u>價值投資成長空間</u>：在購買此課程後，可以加入好葉老師的臉書私密社團喔

Facebook 私密臉書群組

　　通常線上課程或實體課程上完課就結束了，之後學習成效看個人造化，但是《30 堂課搞定價值投資》所有的夥伴會有臉書私密社團，大家可以在裡面分享資訊，也會有好葉專屬的直播來分享一些投資觀點跟實事狀況

▲圖片引用來源於 好葉學院，所有圖片版權歸屬原網站 / 作者

▲圖片引用來源於 好葉學院，所有圖片版權歸屬原網站 / 作者

<u>五大投資工具</u>：這裡老師會介紹他最常用的五個投資工具，ex：雅虎財經…

成長股和股息股投資清單

成長股追求高報酬，股息股想要穩定派息，根據不同類型的股票提供投資清單讓我們能按照表格篩選出值得投資的好公司，提供明確的方向和方法

Part I：怎樣開始購買股票｜從零快速上手掌握基本交易操作

L1 <u>投資該具備什麼樣的心態</u>： 投資是一場心裡遊戲~" 心裡素質 " 如何建立

L2 <u>如何作投資研究功課</u>： 年報、季報 、財務數據分析、新聞…等重點

L3 <u>新人起步的投資策略</u>： 打造投資信心、現代價值投資…等重點

L4 <u>在股市裡賺錢的方法</u>： 怎樣開始購買股票、買入及賣出的方法

L5 <u>槓桿</u>： 千萬不要去惹它：對於槓桿，股神巴菲特就說過：如果你夠聰明的話，你根本就不需要它。那如果你夠笨的話，你也沒有理由去用它。

L6 <u>你應該投資怎樣的企業</u>： 從自已熟悉的行業開始，了解商業模式才算是熟悉

Part II：判斷好公司要看的 6 個地方

L7 損益表：如何探查企業的成長能力：營收 - 支出 = 獲利，過去三年

L8 資產負債表：如何了解企業的防禦能力：公司的財務健康檢測

L9 現金流量表：營運、投資、集資 活動的現金流

L10 品牌：引導公司成敗的導因：B2G，B2B，B2C & 品牌效應

L11 PE Ratio 市盈率（本益比）：這股是否值得你入手：本益比 = 股價 / 每股盈餘 EPS

L12 執行團隊：什麼人會帶領公司邁向成功：CEO，經營團隊，現金運用與策略

L13 Ideal Stock：好葉的完美股票：

1、我完全了解的公司

2、CEO 是創辦人

3、淨收〉營收成長制度

4、現在負債比例強過同行

5、現金持續流入投資活動中

6、客戶與員工充滿激情和敬仰

7、PE 低過同行同性質的公司

Part III：策略性買股｜最大化收益，最小化成本的方法

L14 入場策略：如何操作梯進式買入賣出：

1、千萬不要一次性 All in 買股

2、分批投入：靈活降低投資成本

3、股票短期下跌，可以不斷降低投資成本

4、分批式買賣：最小化成本，最大化效益

L15 股市漲跌時，你該如何應對

1、你並非真正的獲利直到平倉為止

2、平倉取出盈利的那一刻，才是你該慶祝的那一刻

3、作空者會趁虛而入，說服你平倉

4、不要對股市產生情感上的鏈接

L16 持股應該保持什麼樣的心態？

1、和它談戀愛，不要和它結婚

2、投資股票是一廂情願的事

3、股市只有永遠的低買高賣

4、對則持，錯則改

L17 股票賣出後，你要作什麼？

1、投資心理障礙：賣出後追蹤

2、投資真原則

3、買賣是非常主觀的

4、賣了以後就不要看

Part V：避免投資中常犯的錯誤

L26 避免投資者長犯的誤區

1、投資誤區：研究經濟，忽略趨勢

2、花太多時間在研究宏觀的經濟上

3、忽略趨勢，投資正在沒落的公司

4、創新者的囧境：柯達

L27 怎樣評估投資中的風險與回報

1、專注風險，而非回報

2、好葉投資房地產的例子

3、有風險意識，遇事才能冷靜處理

L28 小心股市會這樣讓變成另一個人

1、股票投資很容易讓人上癮

2、有時候我也會陷入上癮的症狀

L29 股市投資中的江湖老的技術分析 Show

1、圖表技術分析的是最不可靠的

2、股價是以實質的生意為基礎

3、看圖表做技術分析＝江湖老找吃工具

4、看風駛鯉的分析師

L30 在面對投資失誤時，我們應該怎麼做

1、把每件事都當成一個學習的過程

2、沒有一個人是十全十美不會犯錯的

3、好葉短線操作的慘痛經驗

4、永遠都不要違背讓自己獲利的投資原則

5、遵守原則才不會受到動搖

6、善待自己，誰人無過

7、做教訓記錄，打磨投資策略

BONUS：股息投資系列

BL1 投資股息股：適不適合你？

1、股息股：追求被動收入，財富的穩定

2、成長股：追求高回報，財富的倍增

BL2 投資股息股的四大安全指標

1、Payout Ratio 配息率

2、營收淨收的增長

3、派息歷史

4、公司壁壘高度

BL3 怎樣找到一個優秀的股息股

1、每年有逐步提高股息額的跡象

2、良好的財務狀況

3、強大的品牌優勢

4、市盈率 PEratio 是不超過 17 的

BL4 怎樣找到一個優秀的股息股

1、每年有逐步提高股息額的跡象

2、良好的財務狀況

3、強大的品牌優勢

4、市盈率 PEratio 是不超過 17 的

BL5 Ideal 股息股的例子

1、B2C 股息股例子：CCL

2、B2B 股息股例子：SWKS

3、B2G 股息股例子：光大國際 00257

BL6 如何打造有效的股息投資組合

1、風險分散

2、持有多家股票不代表降低風險

3、第一持股的數量。第二，領域的不同，以及第
　　三，公司的大小

BONUS：好葉老師 FB 直播及交易策略

1、4 月事件更新

19-04-2020 臉書直播 - 和大家聊聊天

26.04.2020 臉書直播 - 影響股市的領先指標

平倉 1500 美元股票

開

2、5 月事件更新

投入 2000 美元在貴金屬 ETF

5 月 17 日 2020 臉書直播 - 如何估值正在燒錢的公司（28:16）

26.04.2020 臉書直播 - 影響股市的領先指標

3、6 月事件更新

11-6-2020 兩項交易

臉書直播 Q & A（57:19）

18-6-2020 兩項交易

20-6-2020 臉書直播：MSNT 技術分析 + PEG Ratio（60:22）

26-6-2020 一項交易

4、7 月事件更新

臉書直播：好公司的 9 大標準 + QA（75:05）

30-7-2020 一項交易

5、8 月事件更新

　　FAANG 財報分析 + 投資 QA（73:48）

6、10 月事件更新

　　入手 AMD 2000 美金

　　如何估值金融股：PB Ratio + 為什麼要投資 ADBE
　　（50:00）

　　為什麼多數的投資者會虧錢 - 應該要如何避免
　　（56:29）開

　　股市常用詞彙科普（67:32）

　　10 月 30 日，入手 FB 2500 美金開開

7、11 月事件更新

　　FB 直播：怎樣用均線來判斷入手時機 和 QA 開

　　11 月 12 日，入手 dbx 3000 美金

　　FB 直播：Dropbox DBX 股票分析

　　開

■ 後記 ■ ■ ■

　　記得是在 2~3 年前開始接觸到好葉老師的 Youtube 頻道，覺得他當時所有的影片都是透過簡約的動畫搭配老師的語音說明來進行，我不敢確定他是否是第一個用動畫方式來說明的，但至少是我記憶中第一位這樣子用動畫影片來說明的，我很喜歡這樣的方式，覺得非常的清楚明白，讓我可以用沒有壓力的方式透過觀賞影片來增加個人成長的好頻道。

　　再來我們來聽聽好葉老師的真實人生故事：

　　當老師的頻道滿了 30 萬人訂閱時，好葉老師首度公佈自己的真面目，並跟大家分享他的個人背影經歷如下：好葉老師是馬來西亞人，畢業於馬來西亞北方大學，他在中學生的時候，非常叛逆，常常和同學騎車到處亂跑，還到處打架，惹事生非，有一次還打架打到頭破血流（是被打的…）。當時覺得自己常常作事半途而廢，打過了各種不同的工，當過裝修學員，每天被老闆罵。作過了餐廳服務員，作過了保險、市場調查員，也去過新加坡當清潔工，處理過廚餘、洗碗和倒垃報。然後到一家有機連鎖店，當了一年的無照營養師。中學畢業後，好葉老師對生活非常的迷茫，人際關系也是一團糟。

　　直到有一天好葉老師看了一本書，是卡內基寫的「人性的弱點」，這是他人生第一本接觸到有關自我提升的書，深深的受到啟發。讓過去沒自信，不敢與人接觸的個性，找回了自信。也學習了利用人際心理贏得了許多的友誼。更重要的是它讓好葉老師知道，原來在書海裡，可以學習到許多實用的技巧，更可以改變一個人的思維。從那時候開始，好葉老師就開始瘋狂的 k 書，不斷的學習。本身也很喜歡上網瀏覽各種有關自我提升的內容和文章。好葉老師也一直想把自己學到的東西分享給更多的人，於是就成立了好葉頻道。

把自己學到，啟發到自己的知識簡化，並以影片的方式記錄下來，在啟發更多人的同時，也一直提醒自己。

有訂閱者詢問到 "為什麼要用插圖動畫來製作影片？"

這是由於好葉老師認為，插圖動畫的方式非常適用于像好葉老師這種解說知識概念的影片。這種生動的呈現方式，讓大家都願意繼續觀看好葉的影片。再加上老師本身就喜歡玩電腦，所以對各種軟体的操作和剪輯也是很快就上手了。製作插圖影片剛好就滿足了好葉這方面的興趣。這就是好葉用這種方式來呈現的原因。老師使用的軟件叫：Videoscribe.

"為什麼現在又要來露臉啊？"

前面有說到，一面是為了滿足大家的好奇心，但更重要的是，讓大家更深一步的認識老師～

" 好葉有什麼話想要對小葉們說 "

最後老師要感謝一路支持的小葉們，讓好葉頻道可以快速成長，把對生活有幫助到的知識分享給更多有需要的人，希望大家可以繼續支持好葉

以下是老師原始連結：【好葉】30 萬訂閱特輯 | 誰是好葉？
https://www.youtube.com/watch?v=bTpOqRs9164&feature=emb_logo

我是非常喜歡好葉老師的成長記錄，他和我們一樣，原來都是一個市井小民 & 上班族，但透過不斷看書及持續成長，但老師的特點是利他，藉由作成動畫影片，除了自已記錄下重點，也可以把思路和重點呈現給所以的網友，所以不只是自已進步，也幫助他人進步，而且就我最近每天讀一本書及分享讀書心得的經驗來看，好葉老師在分享的同時，其實老師自已得到最多的成長。因為當輸入真正轉成輸出，才算是自已真的內化成為自已的能力。所以老師的方法也讓我得到了思想上的開啟，今年我跟了很多老師作了學習，也才會有把所學的老師優質課程作整合，並匯整出書的 idea，但長期來說我還是希望像老師一樣，制作更多優質的學習成長影片，來幫助更多的人一起喜歡學習及成長，也期望在這過程中多跟老師學習，把更多優質的課程分享給大家 ~

在 2020 年底我在 FB 上得知好葉老師的第一本書接受預訂

時，我立馬就訂書了，並在 2021 年的第一天就讀完本書並分享我的心得如下：

書名：一人公司的致富思維
作者：好葉 Better Leaf
從零到百萬訂閱，靠知識變現的成功法則

選擇原因：

一直以來我就是好葉的粉絲，想知道他如何從毫無資源的開始至今成功打造出華人第一的 Youtube 成長頻道！

（7）個本書重點：

1. 第一章 如何達到所謂的「成功」？

每個人的旅程都不一樣、起跑點不同，成就也不一樣、迷茫的時候，就努力讓自己變得更優秀

吸引力法則的迷思、視覺化的神奇力量、自我肯定的影響

2. 第二章 網路創業，人人有機會

踏上網路事業的契機、文憑只是一張入場券，能力證明才是一張悠遊卡、關鍵在你有沒有符合市場需求的能力

如何打磨技能，積累可以證明實力的經驗？、生產能比消費帶給你更大的快樂

3. 第三章 YouTube 新手上路指南

有知識，才能讓你的熱情更快上軌道、YouTuber 變成了一個職業，是一門生意、注意力在哪裡，錢就在哪裡

為學習而工作，不為金錢而工作、一個人人有機會、充分競爭的時代、YouTube 時代的藍海策略

定位模型：去尋找自己的藍海、從興趣下手、從專業下手、把優勢化為價值、細分定位，做小海中的專家

4. 第四章 YouTube 頻道加速成長攻略

頻道快速成長的 3 大關鍵、如何零成本主動出擊，快速增粉？、被動者和主動者的區別、增粉 5 大招

5. 第五章 Y 如何擴大品牌影響力？

利他之心：創造高價值的內容、開頭：營造共鳴，預覽內容、高價值內容：有理據、有方法、有經驗

結尾：真誠祝福，呼籲行動、品牌故事行銷、給自己的品牌增添故事、每個人都有故事，每個人都有品牌、

名字不重要，重要的是背後的故事、終身學習，你才能無限創作、最高效學習方式

6. 第六章 如何不輕易放棄創業？

資源有限，創意無限、最低可以接受的質量，省下 10 倍成本、你以為的缺點，可能是別人眼中的優點

給自己一個明確的目標，更容易成功、一個知道自己要去哪裡的人，永遠不會迷失、飛不到火星，至少也能遇見在月球上的嫦娥

團結你腦海的小船員，船才開得動、目標，就是給自己的承諾、吃著碗裡，就不要望著碗外、你的行動，需要配得起你的夢想

創業者的時間管理術、被很多人討厭？這是好事！、做大事的人，是不會在乎別人怎樣看自己的、三言兩語，讓你錯失良機

要討好每一個人，你只能碌碌無為、送禮物的故事、如何戰勝恐懼：成長型思維、練習成長型思維、低潮時期：讓母雞好好休息

陷入膠著狀態？人生不是一場馬拉松，要學會倒退

7. 第七章 從零邁向財富自主的關鍵

時間即是財富、從零到財務自主的祕密：善用資源、窮小孩的第一桶金、第一個被動收入、財富因階段不同，所帶來的回報也會不一樣

第一桶金的誕生、踏上企業家之路、寒門如何逆襲累積財

富？、你想要的商業模式：小而美，還是大而全？

葬禮遊戲：激發你的潛在內心渴望、好葉的葬禮遊戲、最後一步，拆解目標、追求你想要的，你才是自己世界裡的大爺

既然成功那麼難，為什麼不找找自己的優勢？、如何成為刺蝟？、如何尋找自己的刺蝟？、好葉的刺蝟策略

■ 本書心得 ■ ■ ■

2021 年的第一天，我給自已的目標是 讀完好葉老師的書，而且不是平常的 30 分鐘快讀，而是用平常速度慢讀

結果讀完的時間是 3.5 小時，覺得實在太棒了，分享我所學習到的重點如下：

第一章 如何達到所謂的「成功」？

這裡點出來所有人都有可能遇到的先入為止的問題，覺得自已的身家背景不好，就覺得努力也沒希望

其實，我們要比的不是別人，只有 " 自已 "，只要我們每一天都比昨天進步，朝著目標前進，就是我們的 " 成功 "

在過程中我們可以運用 " 吸引力法則及視覺化的神奇力量 " 來加強自我的肯定！

第二章 網路創業，人人有機會

對於出社會的新鮮人，讓大家了解 " 能力 & 經驗 " 比 " 學歷 " 還重要，重點在於我們要有 " 自學 " 的意志和堅持！

第三章 YouTube 新手上路指南 & 第四章 YouTube 頻道加速成長攻略 及 第五章 Y 如何擴大品牌影響力？

除了 教我們 " 從知識，從興趣、從專業 " 下手、把優勢化為價值、細分定位，做小海中的專家

進階為 頻道的成長方式、增粉方式

但最終能擴大影響力的關鍵在於 利他、真誠、故事

第六 & 第七章 教我們好葉如何在幾乎沒有任何資源的情況下，用最克難的方式完成了影片的制作及分享

這兩章節有各種成長及克服恐懼思維的方法與實際經驗分享

這一本書對於現在的我來說實在是太寶貝的工具書

好葉老師的背景與我實在太相似了，家裡的環境相對是比較弱勢的 （但我年紀大了很多…）〈 〉

也就是因為如此，能被作者從原本內向的個性，在每天早晨 5 點起床制作影片的堅持中

在四年之間從素人變成華人 Youtube 第一成長頻道

書裡有老師從小至今的很多真實故事，我覺得非常感動

我們不都也是小人物嗎？但只要我們努力學習，找對方向，堅持到底

也會找到我們的藍海

2021 年，讓我們設定好我們的目標，展翅飛翔！

致敬我的老師，好葉老師~

■ 後記 ■ ■ ■

但如我分享的這個理財課程，大家是發現好葉老師擅長的不只把思維成長和心理勵志的影片分享、精采決綸的說書課、財商說書課、改變人生特訓營、 還有好葉繪畫班及上面分享的30 堂課搞定價值投資，如果大家願意都學習，肯定能和好葉老師一樣翻轉自己的人生

好葉學堂連結如下：

https://betterleaf.teachable.com/courses

4、重點摘錄

30 堂課包含 5 大重點範圍 及股息投資系列，還有好葉老師的獨家直播分享（上線上課才看的到）

Part I：怎樣開始購買股票 | 從零快速上手掌握基本交易操作

Part II：判斷好公司要看的 6 個地方

Part III：策略性買股 | 最大化收益，最小化成本的方法

Part IV：股市裡的機會與風險

Part V：避免投資中常犯的錯誤

BONUS：股息投資系列

BONUS：好葉老師 FB 直播及交易策略

好葉老師 線上課程連結如下：

30 堂課輕鬆搞定價值投資

https://fonechen.krtra.com/t/5Cx3O1yRzZCp

好葉說書課：

https://fonechen.krtra.com/t/Tbqn8pULrJCp

進階篇

伍之型 ●●●● ●
股權投資（林俊洲）

- ☑ 1、老師介紹
- ☑ 2、課程說明及介紹（優點和幫助）
- ☑ 3、對世界及對我的影響和學習
- ☑ 4、重點摘錄

1、老師介紹

林俊洲 老師 Jimmy

- ・股權投資家
- ・MBC 多元商集團董事長
- ・MBC 天使俱樂部創會會長
- ・MOC 環球資本奇蹟畢業生
- ・美國 BSE 企業家商學院畢業生

- 出身於沒有資源、背景人脈的環境，僅憑藉著自身的力量白手起家；能在此時小有成就，一切歸功於周遭無數的貴人，以及 2014 年創業失敗後，背上高額負債。

- 當時正處於人生低谷，也遇到重大轉捩點。再一次契機下，體悟到知識的重要性因此開始大量學習新知。

- 透過知識的力量再一次幫助自己，從進入資本領域，成功投資數家企業僅用不到五年的時間再創人生的新高峰。正因這樣深刻體驗，希望藉由分享所學幫助到面臨人生的轉捩點的人。

2、課程說明及介紹（優點和幫助）

ABOUT MBC

成立於 2016 年 11 月，秉持著「共享知識、共想未來、共響事業」的理念，實踐雁型精神，建立一個使投資人與企業連結的管道，共享資源，創造雙贏局面。

後因中小企業主普遍缺乏資金來源，因此拓展業務範圍，開始分享財商知識，並導入國際資本思維分享給台灣的投資朋友，因此建立平台創辦 MBC 天使俱樂部，讓更多人在這個資訊爆炸的時代，能夠擁有多元視野，創造更多的收入。

我們實踐雁型理論精神，發揮利他效應，效法猶太人致富的知識與方法，幫助更多人營造能夠有效互動的商業社群，建立起彼此的資源連結，創造投資與商業商機，讓投資人與創業者共同前行的雁型團隊，共同完成創業目標，並使更多台灣的中小企業主與投資人更有能力回饋社會。

我們將美國天使聯合團（俱樂部）的做法引進臺灣，現會員總數已有數百位，透過對投資人基本的財力審核機制，以及對企業家高水準的審查評估，我們已幫助數十家企業以及上百位投資人創造共贏累積財富，同時也已是臺灣人數規模最大的天使俱樂部。

目前成為 MBC 天使俱樂部的會員有：警察、醫生、律師、教師、工程師、職業經理人、職業投資人、企業主等來自各行各業有資產累積的精英，更有會員來自香港、新加坡、中國等海外地區，俱樂部會員的投資領域也遍及食、衣、住、行、育、樂等各大行業。

創立之初我們僅尋找志同道合的朋友一起參與，也陸續透過中小型講座分享股權投資的相關知識，目前我們幫助了上千位行業精英認識股權投資，也有數百位會員開始正式投入，同時也建立起了一個高水準的人脈網路。

隨著近幾年臺灣政府法規的開放與支持，MBC 決定開始擴大會員招募，並提供免費的股權講座與股權課程，讓更多朋友有機會能認識到這個被稱為「富豪遊戲」的股權投資。

ＭＢＣ天使俱樂部誠摯地邀請您來享受我們的尊榮服務。

股權升值，人生增值

根據美國知名雜誌富比士全球富豪榜統計

全球前五百人富豪每個人皆擁有股權資產

登上富豪榜的所有富豪

最大的資產成長都來自於股權增值

股權投資能為我們帶來什麼？

倍數獲利的可能性

股權投資多數能帶來數倍的投資回報，原因在於「資本市場遊戲規則與方式」，是擴大本金規模最快速的方式。

可被累積的資產

大多數投資的特性都屬於短週期，只有少數投資能夠持續累積並且獲得增長，這也是巴菲特所說的「資產」，股權投資就具備了這樣的特點，只要持續累積，上百家公司都在為您創造利潤是可能的事情。

可被傳承

資產是可以被繼承的，依照繼承法與公司法，只要您是公司的股東就表示您的股權屬於您的資產，若其它股東不同意繼承人取得遺贈之股權時也必須將股權買回。

風險抵抗

股權投資能夠抵禦許多外在的風險，各國政治因素不會影響海外資產配置，區域性的波動不會影響到區域外，不同行業領域大多不會有直接的影響。

創造時間

　　不只是拿回財富分配的權利，成功的幾次股權投資就可以讓您拿回人生選擇的權利，股權投資的累積就像是建立水管，讓我們可以做自己人生的主人。

MBC 天使俱樂部能為您帶來什麼？

　　分享富豪們股權投資的相關知識與資訊

　　提供與企業共同發展成長的機會與可能

　　聯結網路從臺灣延伸至東南亞再到歐洲

　　提供貴賓更卓越的人際關係及經驗交流

　　尊榮禮遇您與另一半帶來更多生活體驗

　　為您與家人創造更多精彩可留念的回憶

　　揪團一起做公益共同為世界盡一份心力

俱樂部投資項目

　　MBC 俱樂部曾經參與過的海內外股權投資項目多達二十多項，且目前都在成長茁壯當中，如果您想成為天使投資人，加入 MBC 俱樂部絕對是您的首選。

3、對我的影響和學習（課程、書、課程後續）

　　我在今年 2 月有幸參加了 MBC 的股權投資講座
　　當天的講者就是 MBC 的創辦人～林俊洲董事長
　　雖然講者還很年輕，但他的人生經歷卻非常豐富
　　從 18 歲就學時即開始投資理財，且已經歷過創業成功及失敗
　　更曾經被合夥人捲款潛逃而背債了幾百萬
　　但靠著努力工作、貴人相助及團隊伙伴的同心協力，
　　在一年內就還清了債務並花了幾百萬到國外去學習之後
　　創立了此公司並且在 5 年內成為資本家

　　秉持著共好的原則，來分享他的致富方法給參與的人
　　在資本主義的世界裡，富豪大多出自於 " 一級金融市場 "
　　一般人之所以不知道是因為 " 經驗的框架 "
　　要成為一位資本家，需要建立的想法有
　　" 假設一切都有可能 "" 不知道不代表不存在 "

例：一般人讀巴菲特的書是讀中文譯本，

但他是直接讀英文原版的股東信及財報

講座中，最讓我感到震憾的，是看見了人類世界財富的分層圖！

人類世界財富 分為 9 層，大部分人在最下面的 3 層（高級職業經理人、專業人士、受薪階層）

在全球富豪 list 裡，他們的共同點是至少持有一家以上的股權，

或者他們 自已就是創辦人

有錢人的操作方式 買股權～印股票～換鈔票（完全合法）

銀行及保險公司是用我們存進去的錢當成 " 資產 " 在操作，

那我們該怎麼為自已找機會呢？

美國前州長阿諾、老虎伍茲皆投資 Google 而獲利 千倍至萬倍

那我們如何看見機會？抓住機會 及 投入呢

首先我們必須體認一件事，要成為 " 資本家 "，一定要投入 " 股權投資 "

然後我們還需要好的機構把好的機會分享給我們～

我在當下被啾董的誠懇、專業和共好的善念徹底的打動

並肯定 MBC 在過去的五年成功投入 30 家以上的企業，

目前全數存活並仍有營利的績效所信服

所以我在講座結束後，即加入 MBC，成為天使投資人
也在二週後實際投入，用中長期的投資來見證股權投資的
威力

這是一個在國外行之有年的致富之法，但在台灣仍未被多
數人看見
這裡誠摯的邀請朋友們可以來參加 MBC 的講座
歡迎與我聯絡來為您安排～<u>fonechen@gmail.com</u>

參與講座的當天，啾董還送了我們他的著作，我很開心能
收到這個禮物
回到家立馬讀完並分享我的心得如下：

**書名：富豪遊戲 神秘股權：財富倍
增制勝寶典 Equity Investments
作者：林俊洲**

選擇原因：想學習了解資本主
義市場及股權投資的祕密～

五個重點：

Chapter.5 財富倍增的遊戲

■ **讀後心得** ■ ■ ■

"人生的一切都有可能"

這是看完本書最深刻的一句話

下面分享每個章節我所學習到的重點~

1、富豪世界的遊戲

什麼是資本主義裡，最容易創造出富豪的遊戲？答案是 " 股權投資 " 。

因為這個方式讓很多創業家 / 投資人可以在幾年內成為富人階級。例：徐小平、馬雲

那如何在這樣的資本主前世界取勝呢？答案是 更了解 " 遊戲規則"

我們都有經驗，不管作什麼，玩什麼遊戲，熟練遊戲規則的玩家最後勝出的機會最大，

所以如果我們了解金錢遊戲的規則，才能管理金錢而不是被金錢所奴役。

那這些富豪們是如何致富／印鈔的呢？答案是 "創業／股權投資／風險管理"

問問自已，這些成功者的特質和作法，我們學會了嗎？那我們才能掌握相似的機會！

2、成功人生的遊戲

一個人一生的未來發展可能，大都是由他的 "思維格局" 所影嚮，由小故事三個在砌牆的工人的思維和最終個人的結局可以看到真實世界也是如此。被動接受工作的人永遠在原來的位置上打轉，敢於作夢創新的人最後成為了創業家／資本家。

成功人生的 "遊戲規則"，需要具備那些特點呢？答案如下：

1、信念：「凡胸懷大志之人，最後總有成就」by 猶太人的信念
2、自信：擁有解決問題的能力，知道自已該往那裡去，也在過程中建立到達目標的方法
3、理性：作好一切的準備＆計劃，克服 恐懼、擔憂、害怕，而去縝密的付諸行動。

4、行動：懂得激勵自已，跟自已立下約定，設定自已的目
　　標，用行動來達成。

5、知能：「智慧是搶不走的財富」，提升自已的知能，即
　　理解、判斷、邏輯等思考能力。

學習看見"時間資本"的重要性

　　一個人一生大約就三萬多個日子，時間可以買金錢，但金錢買不回時間，所以每一個現在我們都要思考，如果我們能投資獲利，表面上是贏得了金錢，但其實是贏得了未來的時間＝我們未來的生命，所以如何提升效率，運用我們有限的時間，至關重要。

3、資本市場的遊戲

　　資本時代，沒錢的人也能夠依靠知識跟資訊翻身。小小資本也有可能變成千萬資產，這就是自由市場經濟。唯有了解運作規則，並掌握 選擇 大於 努力的關鍵，抓住一個個對的選擇，利用 股權投資 來創造 收益倍數的增加。

　　一個人的行為永遠無法超越他的思維，這是為什麼我們要了解富人的思維和創富方式。

　　投資四原則 1、合法性 2、安全性 3、流動性 4、成長性

　　股權投資階段　1、天使投資 2、風險投資 3、私募基金 4、投資銀行 5、首次公開募股

財務槓桿的運用及成為好的投資人

1、優質的投資合作夥伴

2、適當的財務槓桿

3、正確的投資管理

4、思維致富的遊戲

成為一個投資家的核心重點

1、風險管理

2、把握機會

3、理性思考

4、堅持耐心

5、自我調整

認識企業的思維

1、商業模式與市場趨勢

2、市場增長與利潤價值

3、企業資本支出及估值

4、企業風險管理

股權投資的思維（退場方式）

1、IPO

2、兼併收購

3、企業回購

4、股權轉讓

5、破產清算

資本家思維～間接了解、親身目睹、親身感受，

開放性思維～不讓過往的經驗限制了我們的想象力

成為獲利先行者的機會

1、區域擴展

2、創新機會

3、製造轉零售

4、小公司大集團

5、政策推動

6、新的市場領域

7、新產品

5、財富倍增的遊戲

企業資本增長的「金融路線圖」

資本創作階段	稀釋比例	融資金額	公司估值
創始 Founder			
共同創始 CO-Founder	10%	100萬	1000萬
天使投資 Angel Investor	10%	250萬	2500萬
風險投資 Venture Capital	10%	600萬	6000萬
私募基金 Private Equity	10%	1500萬	1億5000億
投資銀行 Investment Bank	10%	4000萬	4億
公司上市 Initial Public Offerings	20%	2億	10億

上表是一家公司要上市之前作的基本功，囊括了整個企業從現在到未來的整體營運。

（上表是假設性數據，為了避免遭到濫用，如想要祥細了解請與筆者聯繫）

公司獲得了資金，就能在業務上順利地進行擴張。企業的發展會為企業帶來更高的價值而

讓所有的投資人得到公司價值增長的收益，這是一個非常正向的循環過程。

資本運作為投資人帶來的不僅是可能的高倍數報酬，更能讓公司及投資人的財富裂變而壯大

及致富。

EX：可口可樂擁有 3500 種產品，一天喝一瓶也要 10 年才喝完所有產品，讓我們看見愈來愈強的資本運作可以成長為世界級的企業。

所以，了解資本市場運作的遊戲規則，我們就可以在參與時提昇我們的相對勝率！

我們是台灣最大的天使投資俱樂部，歡迎加入我們一起成為掌握未來的資本家！

請與我聯絡 ~ fonechen@gmail.com

4、重點摘錄

ABOUT MBC

成立於 2016 年 11 月，秉持著「共享知識、共想未來、共響事業」的理念，實踐雁型精神，建立一個使投資人與企業連結的管道，共享資源，創造雙贏局面。

股權投資能為我們帶來什麼？

1、倍數獲利的可能性

2、可被累積的資產

3、可被傳承

4、風險抵抗

5、創造時間

股權投資能為我們帶來什麼？

分享富豪們股權投資的相關知識與資訊

提供與企業共同發展成長的機會與可能

聯結網路從台灣延伸至東南亞再到歐洲

提供貴賓更卓越的人際關系及經驗交流

尊勞禮遇您與另一半帶來更多生活體驗

為您與家人創造更多精彩可留念的回憶

揪團一起做公益共同為世界盡一份心力

書名：富豪遊戲 神秘股權　　作者：林俊洲

五個重點：

1、富豪世界的遊戲

2、成功人生的遊戲

3、資本市場的遊戲

4、思維致富的遊戲

5、財富倍增的遊戲

我們是台灣最大的天使投資俱樂部，歡迎加入我們一起成為掌握未來的資本家！

請與我聯絡 ~ fonechen@gmail.com

陸之型 ●●●● ●
Fintech 金融科技之 AI 投資機器人 iRobot（Thomas）

☑ 1、老師介紹

☑ 2、產品介紹（優點和幫助）

☑ 3、對我的影響和學習

☑ 4、重點摘錄

1、老師介紹（自述）

Thomas 老師自述

我在 10 歲小學四年級 1978 年的時候就自學寫電腦程式，那時候是用 ATARI 雅達利遊戲機寫的 BASIC 語言，三年後 1981 年 Acer 宏碁電腦才開發出小教授電腦，Apple 蘋果公司 Apple II 電腦是 1977 年上市。或

許因為我的骨子裡有著工程師的魂，所以我才會在政大銀行系畢業後，沒有到銀行上班，卻去了科技公司上班。

我在大學時代就非常喜歡電腦科技，當時電腦的螢幕還是在綠色的螢幕時代，網際網路才剛剛開始萌芽，我就常常泡在學校的電子計算機中心，用 56K 的數據機在上網。

我不算是一個喜歡念教科書的小孩，但是我對於 case study 的作業就非常有興趣，記得當時投資學的作業我就自己使用當時 Microsoft 微軟 1995 年剛剛上市的 Office 95 的 Excel 建立了自己的一套選股系統，把當時台灣股市 800 多家上市公司的每日的最高價、最低價、開盤價、成交價輸入到 Excel 的系統裡，並且用回歸公式算出每一家公司股價的 β 值，記得當時教授非常訝異，還稱讚了我。後來這位教授還成了台灣立法院的立法委員。

大學畢業後，因為當時台灣的電子科技業蓬勃發展，而我又對電腦科技有著濃厚的興趣，所以我沒有到銀行去上班，卻到了一家軟體公司工作，這家軟體公司是做 ERP（Enterprise Resource Planning）企業資源整合規劃系統的公司。什麼是 ERP ？簡單說就是把一個公司中的八個核心部門整合到一套電腦系統中，包括進貨、銷貨、生產製造、品管、財務、會計、人事、薪資，並且做到自動拋單轉單，做到環環相扣把紙上的作業與人與人之間的溝通降到最低的程度，使企業的運作達到最高的效率化。

在當時台灣的 800 多家上市公司中有將近 200 家是使用這家公司的軟體系統，算是做得不錯，而且當時公司成長非常的快，公司從初始的 2 ～ 30 人，在五年內成長到將近 800 人，我曾經在一年內面試了一百多個人。

我在工作到第 4 年的時候，被派駐到中國大陸擔任華北事業處的處長，一個人提著行李坐飛機到北京首都機場，一個人從零開始建立分公司，從找辦公室、裝潢辦公室、應徵員工，當時我記得最特別的是還接待了一位從台灣來的風水大師幫我們確認這個辦公室是符合老闆的風水要求。最終這個公司因為擴張太快，資金與管理跟不上公司成長的速度，公司營運資金出現缺口，結果不是太好。後來經由獵人頭公司介紹，回到了台灣的一家美商科技公司，Unisys 美商優利系統台灣分公司。

美商優利系統 Unisys，這是一家成立超過 130 多年歷史的美國上市科技公司，在全球數 10 個國家設有分公司，服務客戶領域包含政府、金融、工業、運輸等領域的大型客戶。1969 年美國阿波羅 11 號太空船使用的電腦系統就是優利系統的電腦。大家可能不知道民國 64 年台灣第一家電腦化的銀行台灣銀行，當時用的電腦系統也是優利的電腦系統，優利公司在台灣的主要客戶就是所有的公民營銀行，因此雖然在科技公司工作但是每天處理的是銀行的資訊系統，這也使我與金融科技結下了不解之緣。

▲ 1960' 年代在美國 NASA 太空總署的優利系統電腦（網路圖片版權屬原作者）

不過當然不是這樣子的原因我就創立一間金融科技公司，最重要的是我在 2010 年時參加了一個鉅亨網主辦的投資競賽，在這個 6000 人參賽的比賽我最後拿到了冠軍。在兩個月的比賽期間，我的資產從 300 萬增加到 2,500 萬，報酬率是七倍，700％。

在這之後我就決定要來成立一家自己的投資公司，我那時候想如果要創業就要用一個最大的格局去規劃，在當時全球金融投資最先進的地方就是華爾街，其實現在也是，十多年前的華爾街已經開始在使用金融科技的技術，於是我開始讀了很多的書做了很多的研究，每天在網路上爬文，寫程式做測試，花了很多的金錢與時間，

研發了將近 7 年的時間，終於成功了。

如果說這世界上有一種寶物叫做聚寶盆，這感覺就好像是一般人覺得聚寶盆只是一種神話傳說，而我卻認為真的有這樣的寶物，所以我從喜瑪拉雅山找到馬里亞納海溝，終於讓我找到了。

最早一開始我的公司名字是英文，叫做 HCK Capital Technologies，

HCK 這三個字，就是我的中文名字的英譯，三個月前我要在台灣設立公司的時候，我希望能夠保留我的英文公司名稱，於是我就找了三個中文字來代表 HCK，

第一個字就是和，和的意思是協調聚合，剛柔並濟。《禮記 中庸》『和也者，天下之達道也。』

第二個字是盛，盛的意思是興盛，繁茂。《說文解字》『盛者，興旺，繁茂也。』

第三個字是康，康的意思是豐足，富裕。《白居易 和微之詩》『杭土麗且康，蘇民富而庶。』

所以和盛康資本科技就是要聚合天下的人脈與資金，用科技使之興盛且富裕。

2、產品介紹（優點和幫助）

產品介紹

iRobot 人工智慧自動交易系統簡介

我們可以想像未來的世界，是一個人工智慧機器人普遍被人類所運用的社會，事實上有很多的應用我們現在就已經實現了，譬如：我們在家裡面可能會有掃地的機器人，可能會有負責煮飯的機器人，也可能會有負責沖泡咖啡的機器人，當然你有可能也會有一個 iRobot 來幫你管理你的投資資產。

如果你是一個不懂投資或是沒時間投資，甚至是自己投資老是賠錢的人，那麼 iRobot 是一個很好的工具，他就像是一個 24 小時不需要睡覺，不需要休息，不用吃飯，沒有抱怨毫無怨言的員工，忠心耿耿的為你工作，幫你賺錢。

▲ 2004 年 Thomas 與同事合影

▲ 2004 年 Ring the bell 儀式

　　iRobot 為高資產投資人及企業機構提供一套可自動投資全球 26 個國家／地區，22 種貨幣，120 個市場的人工智慧自動交易系統，真正實現一個 7x24x365 的全球投資佈局。

　　不同於其他業者的 Robo-Advisor 理財機器人交易的是基金，iRobot 直接交易的是底層的金融商品，包括全球主要市場的指數、股票、期貨、選擇權、匯率、貴金屬、能源、原物料等，以華爾街等級的避險交易技術提供給高資產投資人及企業機構的一套自動交易系統，高資產投資人及企業機構帳戶的資訊是即時的，不像一般的理財機器人投資的標的物是基金（大都是投信／券商代理的商品），帳戶的價值是隔日的，或是數日前的，當市場發生急速的波動時，高資產投資人及企業機構帳戶的價值是無法即時得知的。

　　一般的理財機器人提供的建議只是建議，最終還是高資產投資人及企業機構要做決定是否執行這個建議，即使高資產投資人及企業機構要執行這個建議，還是需要後端的人員執行人工下單交易，交易的結果可能是隔日或是數日後才能得知。iRobot 使用人工智慧與大數據自動交易，自動調整投資組合，高資產投資人及企業機構不需盯著螢幕看盤，iRobot 的交易速度是以毫秒（千分之一秒）計算的。這個交易速度相比人工交易，可為高資產投資人及企業機構一年省下鉅額的交易成本。

當基金在做贖回或轉換時，需要耗時 10~20 個交易日，這段時間的金額是閒置的，基金公司或是代理的券商或銀行是不會給高資產投資人及企業機構利息的，iRobot 的投資人帳戶匯回資金平均只要 4~6 個小時，未來隨著金融科技的進步，或可實現即時的全球資金轉帳。

iRobot 交易的金融商品皆為可提供電子連續性報價的高透明性，高流動性的國際性金融商品，因此不會有類似 2008 年全球金融風暴的結構性商品崩盤的狀況。

iRobot 的源起

AI 人工智慧的議題從 2016 年 AlphaGo 戰勝了前幾大棋手開始，至今仍未有停歇，激起了各種『機器超越人類，科幻小說情節將成真』的討論。非專家的工作者將來可能面臨失業，未來的十年，大部分人類今天的工作可能被機器取代，甚至連三師，即醫師，律師和會計師都可能被具有人工智慧的機器人所取代，這些機器人並不一定是像我們在電影機器公敵裡頭看到的機器人大軍，更多的是你看不到的 AI 人工智慧軟體，在遠端及後端你看不到摸不著的地方，不知不覺的就把你取代掉了，未來跟你競爭的不只是你的同事，或是你的下屬，更可怕的是一套軟體一個系統一次就幹掉數百個數千個你。

如果不相信建議你去看看普羅米修斯這部異形前傳的電影，電影中的全自動手術平台 MED POD 720i 可以自動診斷病因，自動麻醉，開刀，切除，縫合等等，所有醫生能做的它都能做，而且做得更好更精準。

從 2010 年參加鉅亨網的投資競賽並且擊敗 6,000 人獲得冠軍之後，我開始有了建立一套佈局全球的自動化交易系統的念頭，既然有了這個想法，我就開始研究如何開始進行（坐而言不如起而行，從小就這樣），雖然有關於自動化交易的知識當時在國內剛剛開始不久，網路上也能找到些部落格文章的介紹，相關的書籍也有不少國外的翻譯書，但是大都是以國內的金融商品為標的物，打從一開始我就認定將來的金融市場必定是全球化科技化的發展，因此，與其將來跟著國內市場被邊緣化，倒不如現在就把格局設定到最大，所以一開始的架構與格局就是以華爾街的避險基金公司的技術來設定，目標市場與交易標的物的選擇就是全球範圍。

▲ 2010 年 Thomas 獲得鉅亨網投資競賽冠軍

雖然我從小學四年級就開始寫電腦程式，1978 年的年代還沒有網路，宏碁電腦的施振榮先生在三年後 1981 年才研發出國內的第一台個人電腦小教授電腦，我當時的程式是寫在雅達利遊戲機上的 BASIC 語言，但是金融商品的交易程式可是第一次接觸啊。接下來就是痛苦而漫長的研發階段了，我大概讀了超過千篇的原文文章，在國外的交易相關論壇發問了上百個問題，每週閱讀原文字數超過五萬字，開發了上百個交易策略，寫了數萬行的交易程式，非經一番寒徹骨，哪得梅花撲鼻香，經歷了數百次的測試失敗才有現在的成果。

2016 年是一個重要的拐點，我在電視上看到了 AlphaGo 的新聞，深受啟發，發現將人工智能 Artificial Intelligence 的深度學習 Deep Learning 導入到我的策略模型中可以更優化我的模型，而且將自然語言處理 NLP，Natural Language Processing 技術導入標的物與資金控管可以將受監控的標的物增加到全球數萬種標的物，將可交易的機會與可獲利的機率提高數倍，而且風險是原來的一半。

2018 年我參與了超過 8 場的金融科技 FinTech 研討會，在一次的研討會議中對於 AI 人工智慧導入交易策略模型的見解與實作，吸引了政治大學金融科技研究中心的注意，邀請我加入政治大學金融科技研究中心產學聯盟，成為新創公司會員，政治大學金融科技研究中心是國內在金融科技的領頭羊，不論是在研討會的舉辦，創新科技的發展，國際的交流合作等等，無人出其右，因此能夠得到政大金融創新中心的肯定實在是莫大的光榮，同時，能夠與全球知名的金融公司 UBS，與科技公司 IBM，Microsoft，以及國內的金控公司一起為全球的金融科技努力，倍感光榮。

iRobot 三大絕招

第一招：周伯通的雙手互搏

有經驗的交易員是絕對不會做單一且沒有避險措施的交易。

國際市場的交易商品繁多，所有的底層商品都有相對應的多種避險商品，這是國內的金融市場所遠遠不及的。當部位只有一種方向或一種策略時，即使方向正確，就風險的角度來看，依然是處於極大的風險之下，但是如果以 iRobot 的智慧決策來進行標的物的部位設計，並且以 iRobot 的機制進行監控，同時進行不同方向與策略的部位交易，反而能使獲利 / 風險比達到最佳的效果，即使任何時候市場出現非理性的波動，例如下一分鐘市場突然不理性的上漲 20% 或是下跌 20%，在超級不理性的壓力測試下依然能夠生存得很好，這就好像金庸武俠小說裡的周伯通，雙手互搏左右手各使出不同的招式，有攻有守效果倍增。

第二招：重劍無鋒 大巧不工

　　金庸筆下的玄鐵重劍乃獨孤求敗所使用的兵器，劍身通體由玄鐵鑄造，外表黑黝，劍身深黑之中隱隱透出紅光，兩邊劍鋒都是鈍口，劍尖亦圓鈍。玄鐵劍法招數簡單，須以強勁內力配合重量十足的玄鐵重劍使出，威力銳不可當。曾經我也陷在不斷最佳化策略，調整參數，設計濾網，以為最完美的策略就是最接近聖杯的策略，等到滿懷希望的上線後，才發現是他媽的一整個靠杯到不行。真正能夠長久獲利的策略通常都是『重劍無鋒，大巧不工』，常常是沒有經過最佳化的策略活得最久，活得最好。怎麼跟交易菜鳥說打死他都不相信，因為菜鳥沒有一甲子的內力，自然無法把重劍使好，正因為沒有一甲子的內力，所以才不相信無鋒之劍怎麼可能可以無堅不摧。

第三招：人工智慧 大數據建模

常跟我接觸的朋友一定都聽過我解釋資料 data/ 資訊 information/ 決策 strategic-decision/ 智慧 intelligence 的關係。一堆雜亂無章，沒有次序的訊號這叫做"資料"，這裡的訊號可能是文字，也可能是數字或聲音。將雜亂無章，沒有次序的訊號整理成可供判讀的格式與內容，這就是"資訊"。好的資訊要能提供做成決定，依據所得到的資訊做成決定這就是"決策"。正確的決策會帶來獲利與報酬，當下一次再發生同樣的情況時，能夠依據先前的經驗事先準備，並且一再地做出正確的決策而取得利益，這就是"智慧"。iRobot 人工智慧交易機器人就是以這個基本的邏輯來形成 iRobot 的交易哲學，事實上這也是我超過 30 年的交易哲學，並且受過市場驗證得過競賽冠軍的交易哲學。

在"資料"的搜集部分，iRobot 從交易所、財經網站、市場的即時新聞、財務報告、公開的社群網站或是論壇聊天室搜尋重要的交易訊息，將這些訊息運用文字探勘 Text Mining 的技術整理成 iRobot 可判讀的內容與格式，目前 iRobot 的 data container 儲存了自 2007 年開始超過 13 年全球重要市場共數十萬筆事件資訊及每天數百萬筆的價格資訊，並且這個數字隨時都在增加中，然後用 NLP 的技術理解事件訊息的語意，給予每一筆資訊一個向量，這個向量可以看作是該事件資訊對金融市場或相對應商品的影響程度，以此作為是否進行交易或建立部位的依據。

AI 運用在自動交易的現況

在一場 2018 年 8 月 8 日台灣的金融科技論壇研討會上，主講者為美國柏克萊大學教授，該教授說：

" 『目前 AI 應用在金融領域大都是在客戶服務與體驗，尚難以人工智慧直接獲利』"

2018 年 12 月 26 於政大商學院舉辦的『大師系列 -- 現代金融市場大數據分析，投資人行為與科技創新』研討會中，主談來賓包括前金管會主委政大副校長王儷玲女士，元大證券董事長券商公會理事長賀鳴珩先生，及多位國內投信公司的總經理，在會中共同表示：

" 『雖然目前我們還無法利用 AI 來幫助客戶賺錢，但是不久的未來我們相信一定可以，現在我們已經在客戶服務與法規遵循上取得不錯的進展』"

2018 年 10 月～ 12 月間 Thomas 為瞭解證券商投顧對於 AI
人工智慧的研發進展，分別參與了 3 家券商舉辦的有關於 AI 投
資說明會，其實內容都是在賣程式交易的服務，與 AI 一點關係
都沒有，只是利用 AI 的火熱話題來吸引你聽說明會。

iRobot 早在 2015 年就研發成功，並且在金融市場上取得穩
定獲利的實績，為什麼其他同業所研發的 AI 人工智慧在國內還
無法在金融交易上獲利呢？

第一個原因是國內的自動化交易侷限於台灣指數期貨（包
含台指期，電子期與金融期），交易的邏輯是先選定要交易的
商品，再根據該商品的特性去設計交易的邏輯，這個就好像先
掛一個靶在牆上固定不動，然後再拿手上的飛鏢想辦法射到那
個預先掛好在牆上不動的靶的靶心，但是事實上這個靶就如同
多變的金融市場，每分每秒都在變動的。iRobot 的技術是使用
人工智慧判讀資料，資料來源包括全球的財經資訊，研究報告
等，將這些資料解讀並整理成 iRobot 可以判讀的資料格式，依
此資料作成決策，決策的結果經過 6 年時間的學習優化，形成
現今能夠達成穩定正報酬的人工智慧交易機器人，這就好像滿
天數以千計萬計飛的靶子，iRobot 以數 10 把的自動瞄準的機關
槍射擊，並且射出去的子彈還能夠自動導航，以確保能夠命中
目標的靶心。

第二個原因是全球所有的金融公司都缺乏我這種人才，這需要集三個領域的專才於一身的關鍵人物，這 3 個領域的專才包括 Domain Knowledge，Trading Skill，Coding Ability 三項能力環環相扣，如果僅是將三種專業的人才放在一個專案或是一個部門中，是不會成功的，最常見的是 Domain Knowledge 人要解釋給 Trading Skill 的人聽他聽不懂，有 Trading Skill 的人要 Coding Ability 的人照他的方式去做，Coding 的人覺得你在強人所難，Coding Ability 的人講給 Domain Knowledge 的人聽，Domain Knowledge 的人覺得你在公蝦毀，因此同時具有這三種能力的人不僅是人才而且是奇材、稀材甚至是天才。

■ 結論 ■ ■ ■

『山

凡人看山就是山

可是山和我們凡人是一樣的

他是有生命的

凡人一生 80 年

山 1 百萬年 睡一覺 2000 年

翻個身八百年

肉眼凡胎

怎麼能夠看得出我們的滄海桑田』

這段話在說明『維度』的不同。

一張 K 線圖表，如果我不告訴你這是幾分鐘的 K 線圖，你是看不出來的。你能看到的就是侷限在這個螢幕上你所能看到，包括圖形包括文字。你用眼睛看到的用耳朵聽到的，這就是你的『維度』。電腦科技可以用不同的維度去觀察整理他所能得到的資訊，他用的是記憶體與計算能力，你用的是眼睛跟耳朵，這就是工具的不同造成『維度』的不同。人類腦力的極限在兩千年前我們的祖先就已經達到巔峰了，電腦卻是可以不斷升級不斷擴充的，事實上在可預見的未來，電腦的能力是沒有極限的。

人類的限制在於可以宏觀卻無法微觀，而事實上能夠從微觀的角度去看宏觀的資訊，甚至用不同的維度去看同一個資訊，這就是電腦科技與人類的在處理資訊上最大差別。

SaaS 是一種創新的商業模式，是一種以提供軟體的訂閱服務為商業模式的公司，許多這種商業模式的新創公司，估值都超過三百億台幣，更有許多的老公司，因為改用這種創新的商業模式，而起死回生，這些提供軟體訂閱服務的公司包括微軟，Google，Adobe 等等，而這種商業模式就好像是為我們而生的一樣，我們也會因為這種商業模式而創造我們與高資產投資人及企業機構的雙贏。

這個雙贏的策略就是我們採用了創新的訂閱收費模式，『您的投資沒有獲利不收費，開始獲利才收費。』

搜尋『搞什麼湯馬的 Fintech』收聽我的 Podcast 節目

按讚追蹤 Uncle Fintech https://www.facebook.com/unclefintech

按讚和盛康資本科技 https://www.facebook.com/HCKCapitalCorp

瀏覽官網 https://www.hckcapital.net

3、對我的影響和學習

▲（圖片摘自〝"iRobot 人工智慧投資機器人〞 FB 社團，版權屬原所有人）

　　我是在 2019 年 4 月看到在 FB 上面看見有一個社團名子很特別

　　"iRobot 人工智慧投資機器人" 是 FB 的私密社團

　　由 Thomas 老師花了近七年的時間研發而成，可以即時收集全世界的訊息並作分析後轉換成即時的投資策略，記得加入此社團的三個月間，每天晚上當美股開市時，在社團裡會顯示一個 iRobot 的即時投資影片，每晚會即時的顯示影片讓投資人可以直接看到 iRobot 的投資過程及結果～

▲（圖片摘自" "iRobot 人工智慧投資機器人" FB社團，版權屬原所有人）

　　並且當初也有投資者分享參與 iRobot 半年的投資獲利為 17.91%

　　（下方是獲利的數據及分析表）

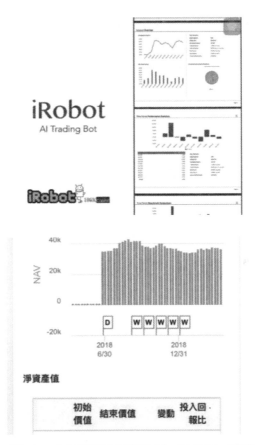

▲（圖片摘自＂ "iRobot 人工智慧投資機器人" FB 社團，版權屬原所有人）

　　看完了影片分享，當初非常心動，於是馬上向老師申請希望能使用 iRobot 來理財投資。經過老師分享，2 年前 iRobot 設定的客戶對象為高資產客戶，也就是說最低的投資金額在 10 萬美金，當初的我無法一次拿出這麼多錢（對我來說啦），所以很可惜在當初雖然很欣賞這個 AI 智慧理財投資機器人但無法立即加入～

即便如此，這幾年來我仍持續追蹤 Thomas 老師及 iRobot 的最新動態，在我心裡，總是相信，應該有一天在不久的將來，會有加入的機會～

果不其然，當我在去年看到 Thomas 老師發出新的訊息，要設立新公司 HCK Capital 在 101 大樓，並且在開幕茶會中要分享關於 iRobot 新的理財參與方式。我當然是立馬報名了～

開幕茶會當天眾星雲集，有立委、投信業 & 科技業 董事長及諸多行業的總經理甚至有紀錄片導演都出席此盛會，但最精采的還是 HCK capatial 創始者 Thomas 董事長對於 HCK 和 iRobot 的簡報～

以上為 Thomas 正在說明 HCK 和盛康的意思說明～

和的意思是協調聚合，剛柔並濟。

盛的意思是興盛，繁茂。

康的意思是豐足，富裕。

HCK～”和盛康”～協調、興盛、豐足～真的是非常美好的
境界和展望

第二個重點在於 iRobot 的獲利表現說明

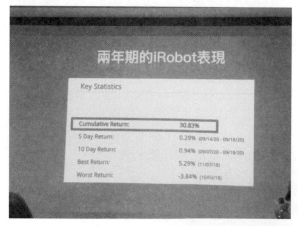

即使在新冠肺炎的影響之下，仍有 12.95% 的獲利表現

二年以來累積的獲利率為 30.83%，一年平均獲利 15% 以上

iRobot 在紐約、倫敦及香港皆設有伺服器，全球同步收集資訊及即時投資

完美的把人工智慧應用在 資金管理及理財投資的應用

用 Saas 軟体提供訂閱服務的公司是目前全世界的主流

而且 iRobot 的服務是幫客戶獲利了，才開始收費

最後 Thomas 提供了投資的方法，新的投資資金額度非常親民，我已經等待了 2 年，所以在會議完成後就馬上填寫完意向書，並完成匯款

目前 HCK Captail 已匯整所有股東股資人的資金並向經濟部完成公司申請，大約在近期就可以開始運作，之後我會再不定時與大家分享，運用最先進的 AI 人工智慧的投資技術所得的投資效益。

4、重點摘錄

HCK Capital Technologies

HCK 這三個字，就是 Thomas 老師的中文名字的英譯

和盛康資本科技就是要聚合天下的人脈與資金，用科技使之興盛且

富裕。

iRobot 三大絕招

第一招：周伯通的雙手互搏

同時進行不同方向與策略的部位交易，反而能使獲利 / 風險比達到最佳的效果。

第二招：重劍無鋒 大巧不工

真正能夠長久獲利的策略通常都是『重劍無鋒，大巧不工』，常常是沒有經過最佳化的策略活得最久，活得最好。

第三招：人工智慧 大數據建模

好的資訊要能提供做成決定，依據所得到的資訊做成決定這就是"決策"。正確的決策會帶來獲利與報酬，當下一次再發生同樣的情況時，能夠依據先前的經驗事先準備，並且一再地做出正確的決策而取得利益，這就是"智慧"。

AI 運用在自動交易的現況

" 『目前 AI 應用在金融領域大都是在客戶服務與體驗，尚難以人工智慧直接獲利』"

第一個原因是國內的自動化交易侷限於台灣指數期貨（包含台指期，電子期與金融期）

第二個原因是全球所有的金融公司都缺乏我這種人才，這需要集三個領域的專才於一身的關鍵人物，這 3 個領域的專才包括 Domain Knowledge，Trading Skill，Coding Ability 三項能力。

用 Saas 軟体提供訂閱服務的公司是目前全世界的主流

這些提供軟體訂閱服務的公司包括微軟，Google，Adobe 等等

iRobot 獲利表現

即使在新冠肺炎的影響之下，iRobot 仍有 12.95% 的獲利表現

二年以來累積的獲利率為 30.83%，一年平均獲利 15% 以上

搜尋『搞什麼湯馬的 Fintech』收聽我的 Podcast 節目
按 讚 追 蹤 Uncle Fintech https://www.facebook.com/unclefintech

按 讚 和 盛 康 資 本 科 技 https://www.facebook.com/HCKCapitalCorp

瀏覽官網 https://www.hckcapital.net

柒之型 ●●●● ●
Fintech 金融科技之 P2P 金融（洪福）

- ☑ 1、老師介紹
- ☑ 2、課程 / 產品介紹（優點和幫助）
- ☑ 3、對我的影嚮和學習
- ☑ 4、重點摘錄

1、老師介紹

IMB 業務經理 洪福老師

▶ 30 萬 FB 按讚粉專的理財講師群之一

▶金融科技的前沿講師

▶南港智育中心業師

▶協助超過 500 位朋友創造被動收入

▶管理客戶資產超過 2 億

洪福老師自述

・沒有人一開始就很厲害，但只要開始你就會變厲害！

　　從小的成長過程中，家中的父執輩們就是靠海捕魚的船長們，八里、淡水的動力小船主要的漁獲有二種，一是鮡仔魚，二是鰻魚苗。民國 85 年在我國中時期冬天（鰻魚苗是在冬季的夜晚捕撈），這天每艘回程的船都收獲滿滿，當時一隻鰻魚苗的價格約 10 元，一艘船捕獲的鰻魚苗價格大約 200 萬，而且這還只是最好的一個晚上！！！把整個冬季收入算進去，真的是用頭髮也算不完。一個晚上賺 200 萬是什麼概念？對比當時台北市一般公寓的價格不超過 1000 萬來計算，漁民的收入簡單就是暴發戶的等級！打個趣，當時國中時期領到的紙本身份證，背面還有職業註記欄，我的職業註記就是漁民。理論上我應該是位吃穿不愁的二代，但人生總是要曲折才精彩，父執輩們賺錢容易花錢也快，一個個沈迷於大家樂、賽鴿等不歸路，直到現在仍在大海與生活拚博著。之於我而言，見證到整個家族興衰，老船長們就是擺在我面前一面很大的鏡子，時時提醒我金錢的重要性、知道賺錢（進攻）很重要，同時也要知道如何守財（管理）。求學階段進入學習分科時以電子、管理類為專長，金融領域是我的興趣，"遙想"當年在台中讀技術學院時可以為了到圖書館看金融、理財、股票、不動產的書而蹺課，沒想到這是為了現在的開花結果埋下的種子。金融科技（FinTech）在數年前，由政府主導與推動，金融科技（FinTech）是個跨度、跨領域、跨學科的新興產業，同時金融科技（FinTech）這個領域，需要學金融的人懂科技、學科技的人懂金融，恰恰這二項是我的專長與興趣。時值 2020 疫情年，坐在某銀行 VIP room 裡與理專聊投資，恰逢理專的主管來打招呼，問候我從事那個行業，我禮貌的回說在 FinTech 領域，這位理專主管是有些年紀了，但還沒到該退休的時候，他納悶的問說什麼 FinTech？要我給翻譯翻譯，我說 FinTech 就是金融科技，這位理專主管才似懂非懂的說是年輕人才懂的玩意兒。這或許是個案，但我心裡想的是，金融科技（FinTech）對金融業的衝擊將是全面的，理論上說，科技業不懂金融科技倒也說的過去，但金融業不懂金融科技，那未來將是丟飯碗的可能！

　　加入 im.B 平台的契機，2016 年的 7 月我離開原本上市公司的工程師職位找尋職涯發展的可能性，當時應朋友介紹認識了正在 im.B 平台發展的前輩，初次接觸 im.B 平台後時，我對 im.B 平台的形容是沒有什麼投資方式是有人把不動產抵押給你還要安全的了，因為這就跟銀行在放款的方式一樣！銀行是特許行業，只有銀行可以做存、放款的業務，一般公司是不允許從事相關業務。現在 im.B 平台透過合法、合規的途徑創造借款人與債權人雙贏的局面，不僅開啟 P2P 領域先河，更是目前規模最大的 P2P 業者。

2、產品介紹（優點和幫助）

2008 年金融海嘯後，金融業銀根緊縮造成的剛性為滿足需求，讓一些科技業者有機會跨足金融，提供媒合服務，導致金融科技快速的蓬勃發展。當金融遇上資訊科技，金融業將被迫由被動走向主動，透過和生活及相關產業的融合，了解顧客需求，提供即時、普惠、好體驗的金流服務。

金融科技能夠運用新興科技與創新事業模式，提供新型態金融服務，透過數據收集分析、了解使用者需求、改善使用者體驗、防詐防弊、降低成本、提高效率、擴大服務對象，來嘉惠普羅大眾，「金融科技透過跨域跨業資訊整合，以人和網絡為核心，提供貼心的生活體驗和服務。」

科技的加入，為金融業帶來了什麼樣的改變？

科技跨進金融業後，產生了許多與以往認知不同的服務。由於大數據、人工智慧等的導入，讓信用分析有了質的變化，使得金融科技有機會讓金融界服務精英以外的普羅大眾。以往我們只能透過交易行為來評估信用，現在除了信用歷史，顧客的背景、行為偏好、身分特質、人際關係、社群互動等都可以作為評估的要素。

im.B 平台創立於 2015 年，為網路跨界結合金融業的前沿公司，主要以金融科技及各類借貸媒合為經營主軸，透由平台媒合串聯供給與需求。首創「不動產債權收益」的服務工具，「不動產債權收益」並不直接投資房地產，而是以金融借貸的概念，利用平台撮合，直接借貸給需要資金的房地產所有權人，來賺取利息收入，主要收入來自於利息收入與借貸媒合的手續費。

　　im.B 平台主要的商轉流程分為二個過程：一、媒合借款端、二、媒合債權購買端。

1、　媒合借款端：有資金需求的借款人需提供擔保品（主要為不動產，另可提供支票貼現），抵押給原始債權人並由原始債權人先提供資金滿足借貸需求。

2、　媒合債權購買端：有閒置資金的債權購買人向原始債權人購買債權，同時由原始債權人將債權轉讓給債權購買人。

　　以上二個過程皆由 im.B 平台撮合，im.B 平台負責

　　im.B 平台相較於傳統的融資管道最大的不同在於它是 uber money 的概念，我們可以這樣子理解，像 im.B 平台這樣的 P2P 創新平台主要協助媒合有資金需求的雙方來滿足借貸與投資。

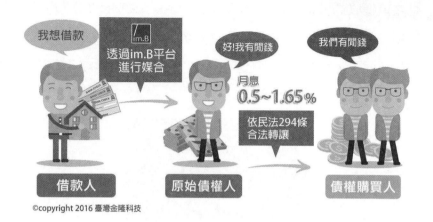

　　傳統的融資管道，例如說有一個人運用自己的資金在做放款，他只有自己一套資金去做放款，那他需要收取的利息是相對的高，普遍來說利息高達 3%/ 月（年息 36%），手續費還要另計。P2P 做的是利用原始債權人的初始資金先做放款的動作，再透過平台的媒合讓債權購買人（小額的投資人）向原始債權人購買債權，透過放款→購買債權→再放款的循環，平台就能運用一套資金放大為幾十倍的規模量，因為資金放大了好幾倍所產生的經濟規模，所以相較於傳統的融資管道就能有效地壓低借款人的利息負擔，並且讓債權購買人（小額的投資人）擁有遠超銀行的利息收益。

　　有了 im.B 平台、P2P 平台的破壞式創新，讓原本無法到銀行融通資金的人，多了原本可能被一般民間資融剝削的可能，更可以說是 im.B 平台拉近了一般民間與銀行利率之間的差異，提供給借款人更多元的需求！同時，讓投資人（債權購買人）

能扮演銀行的角色將資金透過平台配對借款給借款人，由於借款人需提供足額甚至是超額擔保。

3、對我的影響和學習

我在去年夏天一場與朋友的聚會中認識洪福老師，也是因為認識了他，我才知道 Fintech 金融科技，以及 IMB 這個好的理財平台。

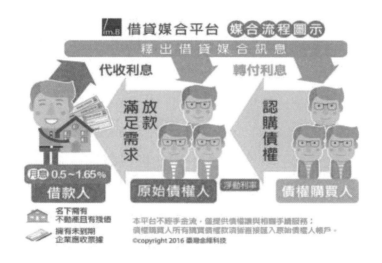

接觸到任何的理財商品，除了要了解其運作及獲利模式外，更需要了解如果參與之後，風險如何管控？

洪福老師是一個很敦厚的人，當我對 IMB 的平台和服務有任何問題時，他都可以不厭其煩的分享及回答，讓我知道平台如何控管風險及保障所有投資人的權益。任何一個投資商品不會完全沒有缺點，就我對 IMB 的理解，雖然每個不動產所有者／借款人不是 100% 都可以準時還借款（逾期），但因著平台的運作規則就是一定有不動產的抵押來作為每個投資者的保障，不像大陸坊間很多的 P2P 業者發生了大規模的倒閉導致了投資人求償無門的狀況。IMB 營運至今已第六年，截至目前為止，沒有一個投資人賠錢，並在 2020 年營業額達到 15 億以上，可以證明六年來所累積的使用者肯定和被更多的投資人所信賴。

而接觸了 IMB 平台對我本身而言也是一個開啟，讓我在去年接下來的時間，報名了更多金融科技的相關理財學習課程，讓我更多了解到金融科技，也實際的把資產分配到金融科技的各項商品裡，其實風險是可以控管的，前提是在我們要問自已，當我們在接觸這些新的理財商品時，我們願意花多少時間真正的去弄懂它，然後在了解了之後，我們的投資策略如何？是每個人都說很好賺，所有就一次給它就 all in，梭哈了，還是先用最小的投資金額，實際經過一段時間的驗證，確認了當初說明的情況與後來的收益是否相符？風險發生的時候這個平台會如何因應及保障我們投入的資產呢？

我秉持著學習及實驗精神，用小金額投入，並實際確認這個平台從去年至今已超過半年，截至目前為止每個投資的物件，付息和繳款皆正常，讓我們繼續用審慎樂觀和嚴謹的態度來面對每一個投資標的。並善用每一個平台的優點來作好我們的投資藍圖設計。

4、重點摘錄

im.B 平台創立於 2015 年，為網路跨界結合金融業的前沿公司，主要以金融科技及各類借貸媒合為經營主軸，透由平台媒合串聯供給與需求。首創「不動產債權收益」的服務工具，「不動產債權收益」並不直接投資房地產，而是以金融借貸的概念，利用平台撮合，直接借貸給需要資金的房地產所有權人，來賺取利息收入，主要收入來自於利息收入與借貸媒合的手續費。

im.B 平台主要的商轉流程分為二個過程：一、媒合借款端、二、媒合債權購買端。

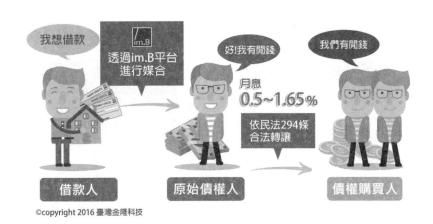

這裡誠摯的邀請朋友們可以來報名 IMB 講座課程

歡迎與我聯絡來為您安排 ~ fonechen@gmail.com

捌之型 ●●●● ●
Fintech 金融科技之區塊鏈/虛擬幣（吳宥忠）

- ☑ 1、老師介紹
- ☑ 2、課程/產品介紹（優點和幫助）
- ☑ 3、對我的影響和學習
- ☑ 4、重點摘錄

1、老師介紹

斜槓無敵創業大師 吳宥忠老師

▶ 全球華語魔法講盟 CEO

▶ 2020 世界八大明師

▶ 曼巴成功學及數本暢銷書作者

▶ 王道培訓 CEO

▶ 魔法講盟首席講師

▶ 我們一起創業吧！平台創辦人

▲ 圖片引用來源於 吳宥忠老師簡報，所有圖片版權歸屬原網站/出版者

▶雄案基金 台灣顧問

▶區塊鏈認證班講師

▶超級談判學講師

▶區塊鏈應用講師

▶智慧合約應用講師

▶區塊鏈投資學講師

▶中國區塊鏈創業導師

著作：

▲圖片引用來源於 吳宥忠老師簡報，所有圖片版權歸屬原網站 / 出版者

區塊鏈經歷：

亞洲區塊鏈論壇　台灣站

▲圖片引用來源於 吳宥忠老師簡報，所有圖片版權歸屬原網站 / 出版者

台北圓山飯店演講

▲圖片引用來源於 吳宥忠老師簡報，所有圖片版權歸屬原網站 / 出版者

東盟達沃斯論壇 馬來西亞站

▲圖片引用來源於 吳宥忠老師簡報，所有圖片版權歸屬原網站 / 出版者

區塊鏈世代 香港

▲圖片引用來源於 吳宥忠老師簡報，所有圖片版權歸屬原網站 / 出版者

區塊鏈論壇　台灣

▲圖片引用來源於 吳宥忠老師簡報，所有圖片版權歸屬原網站 / 出版者

區塊鏈論壇　深圳

▲圖片引用來源於 吳宥忠老師簡報，所有圖片版權歸屬原網站 / 出版者

2、課程 / 產品介紹（優點和幫助）

區塊鏈國際認證講師班

　　區塊鏈目前對於各方的人才需求是非常的緊缺，其中包括
區塊鏈架構師、區塊鏈應用技術、數字資產產品經理、數字資

產投資諮詢顧問等,都是目前區塊鏈市場非常短缺的專業人員。而能提供這方面的專業培訓機構就非常少。**魔法講盟是少數能提供專業認證的機構。**

為什麼區塊鏈市場人員需要專業認證?

一、成為區塊鏈領域人才,認證通過者,可從事交易所的經紀人、產品經理、市場領導及區塊鏈項目市場專業人士或區塊鏈初級導師。

二、快速進入區塊鏈行業,升級成為區塊鏈資產管理師,懂得往區塊鏈投資管理及資產管理。

三、企業+區塊鏈,企業家緊跟趨勢風口,鏈改策劃師,鏈改市改項目策劃或總裁。

馬雲:「區塊鏈對未來影響超乎想像」

任何一次財富的締造必將經歷一個過程:「先知先覺經營者;後知後覺跟隨者;不知不覺消費者!」而你還在不知不覺嗎?

▲圖片引用來源於 新絲路網路書店 網站,所有圖片版權歸屬原網站 / 出版者

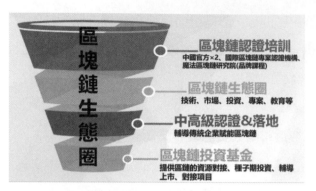

▲圖片引用來源於 新絲路網路書店 網站，所有圖片版權歸屬原網站／出版者

▲圖片引用來源於 新絲路網路書店 網站，所有圖片版權歸屬原網站／出版者

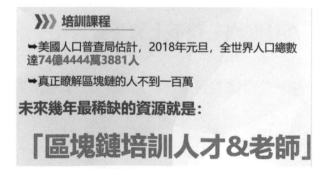

▲圖片引用來源於 新絲路網路書店 網站，所有圖片版權歸屬原網站／出版者

所有的認證證照都有其發展史，例如金融界的「財務規劃師」、房地產業之一的「經紀人執照」、保險業之一的「投資型保單證照」等等....，這些證照一開始的考試取得相對簡單，付出的學費也相對低，到了市場壯大成熟後，那時候再來取得相關證照將會很困難，不論是學費高出許多，更要付出很多的時間去上課研讀考證的資料，一開始就取得是 CP 值最佳入手時機。

》》》如何證明你是區塊鏈的老師、專家、高手等
「證照」是最好的證明

▲圖片引用來源於 新絲路網路書店 網站，所有圖片版權歸屬原網站 / 出版者

　　這次魔法講盟特別對接大陸高層和東盟區塊鏈經濟研究院的院長來台授課，魔法講盟是唯一在台灣上課就可以取得大陸官方認證的機構，課程結束後您會取得大陸工信部、國際區塊鏈認證單位以及魔法講盟國際授課證照，取得證照後就可以至中國大陸及亞洲各地授課。

　　兩天培訓內容：

→區塊鏈的基本認知（￥一千）

→挖礦、礦池、礦機、礦場（￥三千）

→錢包（冷、溫、熱）（￥一千）

→交易所（委賣委買、搓合等）（¥三千）

→商業模式（白皮書）（¥10 萬）

→ ICO 的判斷（¥一萬）

→ ICO 致富密碼（¥5 萬）

→數字貨幣的判斷（¥一千）

→投資區塊鏈祕法（¥一萬）

→區塊鏈的法規（¥五千）

→數字貨幣分析（¥三千）

→趨勢分析（¥五千）

→傳統產業結合（¥三千）

→人脈的對接（無價）（無價）

→資源的分享（後續的服務）（無價）

→微信群（訊息交換、彼此合作的魚塘）（¥五萬）

→終身免費複訓（只收場地費）（無價）

→智能合約（未來趨勢）（¥一萬）

→區塊鏈投資（成立學員基金）（無價）

→兩張中國官方（工商聯＋工信部）認證證書（無價）

終身免費複訓：

▷與時俱進掌握最新資訊

▷可以認識全亞洲頂尖的人脈

▷有機會投資優質的項目

要變富有先要改變你所處的環境

區塊鏈認證趨勢班（馬來西亞）

▲圖片引用來源於 新絲路網路書店 網站，所有圖片版權歸屬原網站 / 出版者

全球區塊鏈證照班（台灣）

▲圖片引用來源於 新絲路網路書店 網站，所有圖片版權歸屬原網站 / 出版者

3、對我的影響和學習

　　以下是截錄網路上的資訊及課程重點筆記 & 心得：課程老師有 吳宥忠老師，曹博士及陳總

　　投資，就是要投資 未來的趨勢～相關的行業

　　未來的趨勢有三個：AI、大數據健康、區塊鏈

　　區塊鏈的市場是 全世界的市場（全世界唯一）

　　所以世界知名的企業都在計劃發行自己的虛擬幣

　　用區塊鏈賺快錢的時代已經過去了，因為前二年 ICO 倒閉率達 93%

　　但區塊鏈賺大錢的時代已經來臨。我們要研究的是 BM（商業模式）

　　要知道區塊鏈的發展機會前，我們先來了解區塊鏈的基本知識：

什麼是區塊鏈？

　　區塊鏈起源於中本聰的比特幣，作為比特幣的底層技術，本質上是一個去中心化的資料庫。是指通過去中心化和去信任的方式集體維護一個可靠資料庫的技術方案。

區塊鏈技術是一種不依賴第三方，通過自身分散式節點進行網路數據的存儲、驗證、傳遞和交流的一種技術方案。因此，有人從金融會計的角度，把區塊鏈技術看成是一種分散式開放性去中心化的大型網路記帳簿，任何人任何時間都可以採用相同的技術標準加入自己的信息，延伸區塊鏈，持續滿足各種需求帶來的數據錄入需要。

通俗一點說，區塊鏈技術就指一種全民參與記賬的方式。所有的系統背後都有一個資料庫，你可以把資料庫看成是就是一個大賬本。那麼誰來記這個帳本就變的很重要。目前就是誰的系統誰來記賬。微信的賬本就是騰訊在記，淘寶的賬本就是阿里在記。但現在區塊鏈系統中，系統中的每個人都可以有機會參與記賬。在一定時間段內如果有任何數據變化，系統中每個人都可以用來記賬，系統會評判這段時間內記賬最快最好的人，把他記錄的內容寫到賬本，並將這段時間內賬本內容發給系統內所有的其它人進行備份。這樣系統中的每個人都了一本完整的賬本。這種方式，我們就稱它為區塊鏈技術。

區塊鏈技術被認為是互聯網發明以來最具顛覆性的技術創新，它依靠密碼學和數學巧妙的分散式演算法，在無法建立信任關系的互聯網上，無需藉助任何第三方中心的介入就可以使參與者達到共識，以極低的成本解決了信任與價值的可靠傳遞難題。

比特幣點對點網路將所有的交易歷史都儲存在 " 區塊鏈 " 中。區塊鏈在持續延長，而且新區塊一旦加入到區塊鏈中，就不會再被移走。區塊鏈實際上是一群分聚的用戶端節點，並由所有參與者組成的分散式資料庫，是對所有比特幣交易歷史的記錄。比特幣的交易數據被打包到一個 " 數據塊 " 或 " 區塊 "（block）中後，交易就算初步確認了。當區塊鏈接到前一區塊之後，交易會得到進一步的確認。在連續得到 6 個區塊確認之後，這筆交易基本上就不可逆轉地得到確認了。

區塊鏈在網路上是公開的，可以在每一個離線比特幣包數據中查詢。輕量級比特幣錢包使用線上確認，即不會下載區塊鏈數據到設備存儲中。

數字貨幣容易被傳統金融機構視作一種新的貨幣，但實際上其底層技術的意義和價值遠遠大於其貨幣屬性。以比特幣為例，一般意義上它被當作一種點對點形式的數字貨幣，但從技術層面來說，它實際上是一個點對點的中心化網路平台，這樣一個網路平台依託的正是區塊鏈技術。數字貨幣是依靠區塊鏈技術搭建的全球點對點網路平台。以比特幣為代表的，區塊鏈在數字貨幣領域的應該，也被稱為 Blockchain 1.0。

區塊鏈的起源

若要解釋何謂區塊、區塊鏈，還得 1982 年提出的拜占庭將軍問題說起。

拜占庭位於如今土耳其的伊斯坦布爾，是東羅馬帝國的首都。由於當時東羅馬帝國國土遼闊，為了防衛目的，因此每個軍隊都分隔很遠，將軍與將軍之間只能靠信差傳遞消息。在戰爭的時候，拜占庭軍隊內所有將軍和副官必需達成一致的共識，決定是否有贏的機會才去攻打敵人的陣營。但是，在軍隊內有可能存有叛徒和敵軍的間諜，左右將軍們的決定又擾亂整體軍隊的秩序。在進行共識時，結果並不代表大多數人的意見。這時候，在已知有成員謀反的情況下，其餘忠誠的將軍在不受叛徒的影響下如何達成一致的協議，拜占庭問題就此形成。

拜占庭將軍問題實際是對網路世界容許入侵體系的模型化。

拜占庭的忠實將軍們要在叛徒存在且不抓出叛徒的情況下，使其決策形成一致。對應到通信世界中，人們要在容許一些搗亂或失效協議存在的情況下，解決問題。後來，人們發現，區塊和區塊鏈可以解決拜占庭將軍問題。

　　區塊鏈起源於比特幣，標誌著上輪金融危機起點的雷曼兄弟倒閉後兩週，2008 年 11 月 1 日，一位自稱中本聰（Satoshi Nakamoto）的人發表了〈比特幣：一種點對點的電子現金系統〉一文，闡述了基於 P2P 網路技術、加密技術、時間戳技術、區塊鏈技術等電子現金系統的構架理念，這標志著比特幣的誕生。兩個月後理論步入實踐，2009 年 1 月 3 日第一個序號為 0 的比特幣創世區塊誕生。幾天後 2009 年 1 月 9 日出現序號為 1 的區塊，並與序號為 0 的創世區塊相連托形成了鏈，標志著區塊鏈的誕生。

　　近年來，世界對比特幣的態度起起落落，但作為比特幣底層技術之一的區塊鏈技術日益受到重視。在比特幣形成過程中，區塊是一個一個的存儲單元，記錄了一定時間內各個區塊節點全部的交流信息。各個區塊之間通過隨機散列（也稱哈希演算法）實現鏈接（chain，後一個區塊包含前一個區塊的哈希值，隨著信息交流的擴大，一個區塊與一個區塊相繼接續，形成的結果就叫區塊鏈。

區塊鏈的特徵

　　從區塊鏈的形成過程看，區塊鏈技術具有以下特徵。

一、是去中心化。區塊鏈技術不依賴額外的第三方管理機構或硬體設施，沒有中心管制，除了自成一體的區塊鏈本身，通過分散式核算和存儲，各個節點實現了信息自我驗證、傳遞和管理。去中心化是區塊鏈最突出最本質的特徵。

二、是開放性。區塊鏈技術基礎是開源的，除了交易各方的私有信息被加密外，區塊鏈的數據對所有人開放，任何人都可以通過公開的介面查詢區塊鏈數據和開發相關應用，因此整個系統信息高度透明。

三、是獨立性。基於協商一致的規範和協議（類似比特幣採用的哈希演算法等各種數學演算法），整個區塊鏈系統不依賴第三方，所有節點能夠在系統內自動安全地驗證、交換數據，不需要任何人為的干預。

四、是安全性。只要不能掌控全部數據節點的 51%，就無法肆意操空修改網路數據，這使區塊 鏈本身變得相對安全，避免了主觀人為的數據變更。

五、是匿名性。除非有法律規範要求，單從技術上來講，各區塊節點的身份信息不需要公開或驗證，信息傳遞可以匿名進行。

區塊鏈系統的運行方式

首先，中本聰很清楚建立一個支付系統的信用必須解決防止 " 重覆支付 " 問題，也就是不能造假幣。中心化的信用系統是靠國家機器防止造假幣。" 比特幣 " 怎麼辦呢？中本聰的偉大創新是給每一筆交易 " 蓋時間戳 "（timestamp）。每十分鐘一個區塊（block：相當於網路賬簿），把這十分鐘的全網交易都正確的蓋上時間戳。問題是誰來蓋呢？中本聰並沒有假設互聯網上都是雷鋒，他同意亞當．斯密的觀點：市場上的人是貪婪的。他讓所謂 SHA256 難題，誰能證明自已的電腦算力最快（所謂 PROOF OF WORK 機），他就能競爭到這十分鐘區塊的合法記賬權，並得到二十五個比特幣的獎勵。這就是俗稱的 " 挖礦 " 過程，實際是建立一個全網總賬 - 區塊鏈的去中心化信用過程，所以礦工更本質的職能是 " 記賬員 " ！

中本聰在其比特幣白皮書中，比較祥盡的敘述了這個信用系統建立的過程：

第一步：每一筆交易為了讓全網承認有效，必須廣播給每個節點（node：也就是礦工）

第二步：每個礦工節點要正確無誤的給這十分鐘的每一筆交易蓋上時間戳並記入那個區塊（block）

第三步：每個礦工節點要通過解 SHA256 難題去競爭這個十分
鐘區塊的合法記賬權，並爭取得到二十五個比特幣的
獎勵（頭四年是每十分鐘五十個比特幣，四年遞減一
半）

第四步：如果一個礦工節點解開了這十分鐘的 SHA256 難題，
他將向全網公布他這十分鐘區塊記鏈的所有蓋時間戳
交易，並由全網其它礦工節點核對

第五步：全網其他礦工節點核對該區塊記賬的正確性（因為他
們同時也在蓋時間戳記賬，只是沒有競合法區塊記賬
權，因此無獎勵），沒有錯誤後他們將在合法區塊之
後競爭下一個區塊，這樣就形成了一個合法記賬的區
塊單鏈，也就是比特幣支付系統的總賬 -- 區塊鏈。

一般來說，每一筆交易，必須經過六次區塊確認，也就是
六個十分鐘記賬，才能最終在區塊鏈上被承認合法交易。以下
是比特幣的記賬格式：

所以所謂"比特幣"，就是這樣一個賬單系統：它包括所
有者私鑰進行電子簽名並支付給下一個所有者，然後由全網的"
礦工" 蓋時間戳記賬，形成區塊鏈。

區塊鏈可以發展的項目

硬体（晶片、礦機、區塊鏈周邊）

底層技術&API層（開發各種智慧合約）

教育培訓層（講師、孵化器、資源對接等）

商業模式層（新創&賦能 傳統企業）

投資層（投資區塊鏈相關優質公司）

區塊鏈生態：

區塊鏈認證培訓（中國官方及魔法講盟所發的講師認證）

區塊鏈生態圈（技術、投資、專案、教育）

中高級認證&落地（輔導傳統企業導入區塊鏈，顧問）

區塊鏈投資基金（種子投資等）

資訊科技世代的推進~區塊鏈的演進歷史：

互聯網~大數據~AI人工智慧~區塊鏈~

全世界區塊鏈專利排行

以公司來看：第一名 Alibaba，第二名 IBM，第三名 Master Card

中國的銀行也同時爭取了很多專利

以國家來看：第一名 中國 ，第二名 美國

科技技術的演進案例：

EX：二維碼是日本人在 1994 年開發的，但直到 2016 年由中國人發揚光大（支付寶），目前支付寶的日支付達 1.3 億筆，但日本公司當初沒有申請專利，所以少了這樣子的獲利機會。

（二維碼只有條碼的十分之一大小）

未來區塊鏈能賺大錢的五個項目

1、區塊鏈相關的培訓

2、區塊鏈媒體

3、區塊鏈公鏈 & 跨鏈

4、實體相關產業（私家雲）

5、與資產上鏈相關的區塊鏈家

6、區塊鏈的專案基金

為什麼區塊鏈是當下最好的投資？

因為培訓可以帶來許多流量，解決很多傳統產業泉作「區塊鏈賦能」的模式，來解決很多既有的問題

「賦能」是一種通過達成特殊條件來激活其效果的特殊物品

「區塊鏈賦能」可以有創新產業 利潤較高，風險較低的優點，而且可以有效解決痛點和問題

區塊鏈的應用場景：

房地產、販賣機

房地產：

常見問題：過戶時間長且繁瑣、一屋多賣、交款過程中的安全問題、悔約、產權不清楚、交屋後的問題

區塊鏈應用：區塊鏈 & 智能合約（串接銀行的產權及戶政機關、稅務機關和仲介商之間的資訊流）

販賣機：

常見問題：如何賣不同種類或 18 禁的產品（煙、酒）？

區塊鏈應用：區塊鏈認證身份（可以驗證年紀來銷售），在國外已有 Beer 販賣機，認證購買人是成年人

區塊鏈認證

曹博士在 1996 年進入互聯綱這一行，2013 年開始擁有比特幣（電商的客人用 BTC 支付），當初拿到 20 多懂幣，到目前為止唯一值錢的是比特幣。

開始培養 " 去中心化 " 思維

虛擬幣經歷了三個階段：

1、數字貨款、加密貨幣 1.0（能不能取代法幣？目前看來

是不可能發生，會嚴重影響國家的財政）

2、數字貨款、加密貨幣 2.0（社群非常重要）

3、數字貨款、加密貨幣 3.0

目前的銀行體系有什麼問題？

因為銀行都是中心化，每個建立帳戶的人需要把祥細的個人資料提供出去，如果銀行資料遭侵入，會造成很大的個資外洩問題。

FB 也準備發自已的幣，但前陣子仍有個資外洩的疑慮…

所以 FB 執行長馬克柏也宣佈成立自已的虛塊鏈團隊來開發相關應用以加強資訊安全

FB+IG+What's App 全世界共有幾十億的使用人口，如果 FB 可以發幣，會成為

全世界最大的中央銀行～！

目前大數據的時代，已經成為世界性的國家及個人資訊保密問題～

區塊鏈經濟

唯有區塊鏈可以建立價值網絡（只有簽名的雙方收的到）

比爾蓋茲

　　全球富豪排行榜裡 有蠻多人都已開始加入區塊鏈 EX：馬克祖克柏（FB 創辦人）

　　中國富豪排行榜裡 也有蠻多人投資區塊鏈　EX：趙長鵬（幣安創辦人）

　　區塊鏈的年代是年輕人的年代，所以我們也該改變思維，才能接續這個趨勢

區塊鏈經歷了三個時代：

　　1、數字貨幣 1.0

　　2、數字資產 2.0

　　3、數字經濟 3.0

什麼是比特幣？

　　比特幣後面可以有 8 個零，一般國家貨幣最少是 1 分，所以未來比特幣可能價值 100 萬美金

　　2013 年時比特幣價值為 1200 多美金

比特幣生態圈

　　1、有自己的交易所

　　2、數字黃金（可用來兌換所有的虛擬幣）、國際貨幣基金
　　　（已有國家開始運作計劃）

3、比特幣的研究與資訊服務商

4、挖礦的軟體與設備商

5、比特幣的衍生性金融商品

比特幣的誤區

1、只是一個幣？　那怎麼會有相關的虛擬幣生態圈

2、比特幣沒有價值？很多人曾認為只是泡沫，但現在更多
人已投入（JP 摩根 CEO）

3、比特幣目前的接受度？連特斯拉都接受比特幣付款

4、比特幣被關閉？　不可能，是分佈式的，有網路就可以
存在

5、比特幣用于犯罪？ 這個難度愈來愈大，因為各國對於虛
擬幣的要求愈來愈嚴格

需要個資才能申請帳號，可以追溯

區塊鏈技術

一、一個分佈式帳本，一種透過去中心化，去信任的方式個体
維護的一個可靠數據庫的方法

二、區塊鏈是"數據庫"，存的是"帳"，所有人都可以參與，
用數據塊 + 鏈的存儲方式

三、共時機制、密碼學、分佈式

區塊鏈價值～打造一本可信帳本

區塊鏈存儲方式～時間軸、隨機數、交易 catche

https://www.blockchain.com/explorer

（可用手機掃描此二維碼進入）

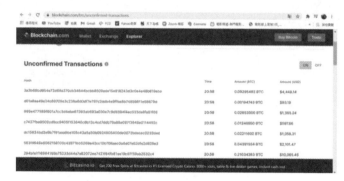

▲圖片引用來源於 Blockchian 網站，所有圖片版權歸屬原網站 / 出版者

上面網站可以看到全世界即時的 BTC 交易明細

▲圖片引用來源於 Blockchian 網站，所有圖片版權歸屬原網站 / 出版者

　　點進去其中一個錢包可以再看到更祥細的資訊，至少要有三次以上的確認才會打幣

　　比特幣也可以作為 供貸 或 期貨，銀行，改變了生產關系甚至有節點挖礦來獲利的方式

▲圖片引用來源於 Blockchian 網站，所有圖片版權歸屬原網站 / 出版者

創富模式

　　搬磚 ~（目前各交易所的差價已變小）

　　礦機 ~（可以自買或應用雲礦）

區塊鏈的特點

一、去中心化、分布式、安全環境中、對等

二、防竄改 ~ 哈希函數、非對稱加密、RSA、ECC

三、共識算法 ~ 拜占庭容錯、公鏈、私鏈、聯盟鏈

比特幣 有公鑰和私鑰 ~ P2P 傳輸

區塊鏈

公鏈 ~ 社群、匿名、共識機制限制、速度慢

私鏈 ~ 自己社群、不需要礦工、交易私密、根據業務

主要區塊鏈公鏈

以太坊 - 智能合約，去中心化（ICO 發行幣使用）

Hyperledger（公司 IBM & Linux 等企業在使用）

R3- 分布式 -（銀行使用）

https://coinmarketcap.com/

（可用手機掃描此二維碼進入）

Cryptocurrency Prices，Charts And Market Capitalizations | Coi

▲圖片引用來源於 Coinmarketcap 網站，所有圖片版權歸屬原網站 / 出版者

https://www.feixiaohao.com/

（可用手機掃描此二維碼進入）

非小號 - 比特幣行情價格 _ 專注數字貨幣

行業大數據分析 - feixia

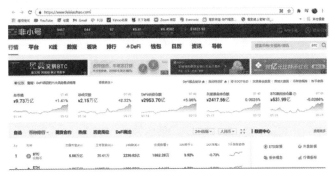

▲圖片引用來源於 非小號 網站，所有圖片版權歸屬原網站 / 出版者

以上二個網站可以查詢到虛擬幣行情等相關資訊

幣（Coin）＆ 代幣（Token）

公鏈等於手機的作業系統，代幣等於手機上的 app

所以如果我們可以選擇，投資那一個比較穩定長遠？一般是選擇公鏈，因為維護成本高也較穩定，因為代幣不太需要維護成本，故相關價值低很多～

穩定幣一般掛勾國家貨幣 EX：USDT（Tether）掛勾美元，全世界第一家作穩定幣

每一個幣有其功用但不代表都有價值，需要學習分辨能力

可嘗試到 https://coinmarketcap.com/

（可用手機掃描此二維碼進入）

去搜尋這幾個幣：BNB，HUOBI，ZCASH，EOS，XRP，NEM

並學習分辨這些幣是 coin or Token ？

BNB，　Coin Rank#7，　　幣安幣（公鏈）

HUOBI，Token Rank#34，　火幣（代幣）

ZCASH，Coin Rank#47，　（公鏈）

EOS，　Coin Rank#17，　（公鏈）

XRP，　Coin Rank#5，　（公鏈）

NEM，　Coin Rank#25　（公鏈）

區塊鏈要解決的是**信任關係**

數字貨幣、記錄保存、股票證卷、智能合約

一、去中心化分布式記賬　（10 分鐘區塊、不可逆轉、無法篡改）

二、共識機制 - 遊戲規則　（挖礦 POW/POS/ DPOS 工作量證明 -

記帳，多勞多得，自動自發，DPOS）

三、去中心數據上鏈 - 回歸使用者 （EX：FB 有計劃發行自己的
　　幣，如果設定規則後，分享幣的利潤給使用者或廣告商）

區塊鏈賦能

1、賦能實体產業：

　　政府 - 　區塊鏈電子證據平台、聯合鑒定中心，公證處，
　　17 部門作為憑證節點，百度超級鏈

2、阿里區塊鏈　（阿里巴巴）

　　設定多個憑證節點 - 確保可以追溯，分布式記帳 - 數據
　　安全，公開帳本，速度及安全將成本降到最低　（可以
　　秒到帳）

3、股票交易 - Tzero.com　　https://www.tzero.com/

4、投票好評 - 確保投票的公平性

5、預測 - 彩票　怎麼確認博奕網站中獎的可預測性 https://
　　www.augur.net/

6、版權契約 - 怎麼用智能合約保障作者的版權權益 http://
　　myceliaformusic.org/

7、共享經濟 - AirBnb，Uber，Blockchain：-Direct，Payment
　　and Settlement，Feeback，Coins for use - exchange value

8、契約擁有權 & 使用　房產、企業用的合約　https://www.
　　ubitquity.io/

9、保險　　微形保險、保單借款自動化

10、醫療　　病歷全上傳到區塊鏈，各醫院不用存病人履歷，如病人開放權限，醫生可查詢

11、公益　　透過區塊鏈方式捐款可以確認被幫助者100%可以收到款

12、政府及公民 杜拜 希望減少紙張（無紙化），企業註冊全自動化，房產資訊上鏈，連旅遊皆可

13、體育　　幫每位球員發幣，如果此球員紅了，有很多廣告等收入，連擁有球員幣的人也可以獲利

14、溯源　　京東節點：Brand廠商，檢測機構，政府監管單位，生產，加工，運輸到銷售＝唯一的身份證、舊碼不可重覆使用，可不可更改、造假成本非常高，所有記鏈永久保存，可追溯

15、認證上鏈　上完課拿到證書的認證鏈一樣會上到區塊鏈上有自已的身份證

虛擬幣～

1、什麼是數字資產交易所？

　　是指進行數字貨幣間，數字貨幣與法幣間交易撮合的平台，是數字貨幣交易流通和價格確定的主要場所。國際較知名的為Binace幣安、Huobi火幣等～

2、如何選擇適合自己的交易所

全世界的交易所有好幾萬所，選擇交易所該注重二個重點

一、交易深度：每個時間點的掛單數量，深度愈大說明流動性愈好，越有利於交易，而深度太小意味著沒有什麼人在這個平台參與交易，有時候一點小錢就可以起到拉盤和砸盤的效果

二、上市質量：這個很難把握，因為大部分的數字貨幣都非常會對自已進行包裝，需要一定的專業知識

3、四大交易所分析

Biance 幣安，全世界最多人使用的平台，成立於 2017 年，可以用台幣直接購買

https://www.binance.com/en

（可用手機掃描此二維碼進入）

Huobi 火幣，大陸最多人使用的平台，成立於 2013 年，可以用人民幣及台幣直接購買

https://www.huobi.fm/zh-hk/register/?invite_code=8di23

（可用手機掃描此二維碼進入）

Coinbase，美國交易所，成立於 2012 年，不支援台幣入金，無中文

https://www.coinbase.com/join/5b875d134

5ed170e60d880f9

（可用手機掃描此二維碼進入）

Kraken，美國交易所，成立於 2011 年，不支援台幣入金，支援簡体中文

https://www.kraken.com/zh-cn/

（可用手機掃描此二維碼進入）

4、台灣主流交易所

Max，台灣交易所，成立於 2018 年，支援台幣入金，台灣第一間數位資產交易所

https://max.maicoin.com/

（可用手機掃描此二維碼進入）

Bitopro，幣託，台灣交易所，成立於 2017 年，支援台幣入金

https://www.bitopro.com/

（可用手機掃描此二維碼進入）

Ace Exchange，台灣交易所，成立於 2018 年，首創經驗值點數獎勵政策

https://ace.io/home

（可用手機掃描此二維碼進入）

選擇交易所，最大的原則還是以 安全為準，任何平台的交易環境都不是 100% 安全的，不要把錢都投在一家交易所，對於幣圈的小白們，建議還是先選擇最大的平台如 幣安、火幣等，經驗豐富的可以嘗試其它的平台。

選擇交易所也要注意其手續費，可到其官網上查看具體細節，一些交易所對他們的收費是開誠布公的，而另一些則選擇把它們隱藏起來，註冊前一定要看清楚。

5、交易所相關名詞

場內交易：

優點：不用保持在線完成交易，只需要設定好價格委託交易所完成交易，不需要找具體的賣家，平台自動幫你匹配，可以設定期望成交的價格，限價交易。

缺點：國內的場內交易全是幣幣交易，無法透過台幣直接購買

場外交易：

優點：可以在平台上匯總交易需求，方便大家交易，對買賣雙方進行身份驗證，更加安全，出現糾紛時，平台可以出面解決

缺點：交易過程需要雙方同時在線操作（支付和放幣），有可能產生糾紛（PS：銀行轉帳截圖，收到款不放幣等）

交易入門基本知識

1、交易時間：7*24 小時全年無休市

2、開戶：開戶流程簡單，只需要註冊完成實名證證即可充值或充幣即可開始交易

3、交易手續費：不同的交易所手續費不同

4、T+0：數字貨幣是 T+0 交易，當天買入當天即可賣出

5、無限跌停：數字貨幣交易無關跌停限制，股票有漲跌停限制

6、交易單位：以比特幣為例，最小可賣 0.0001btc，沒有股票最少賣一手 100 股的交易限制

7、提現充值交易無時間限制：隨時提幣提現，現金流動性高

交易所交易流程～買幣、賣幣、選幣、提幣

交易所分為四大版塊

一、個人資訊～先作實名認證，填妥安全資訊

二、錢包管理 ~ 確認目前的錢包總值及各種數字貨幣的資產

三、交易對 ~ 交易對是指 2 種不同的數字貨幣構成的，當你擁有交易對中的其中一種數字貨幣時，就可以透過這個交易對來交易另外一種數字貨幣

四、K 線怎麼看 ~ 有最高價、最低價、開盤價、收盤價、等四個價格現成一條線。k 線是一條柱狀的線條，中間的矩形稱為實體，影線 在實体上方的細線叫上影線，下方的部分叫下影線，實体分陽線和陰線，綠漲，紅跌（與台股相反）

該買什麼幣？

數字貨幣有上千種，並且還在不斷的增加當中，主要分為：

1、主流貨幣，一般來說，這種幣種都支持直接用 USDT 購買，例如：BTC 比特幣，BCH 比特幣現金，ETH 乙太幣，LTC 萊特幣，DASH 達世幣，ETC 以太經典，XRP 瑞波幣等

2、熱門小幣種：一般來說，這種幣種往往僅支持用 BTC、ETH 進行兌換購買，例如 :UNI、HT、LRC 等

3、已死幣種：交易量接近 0 的幣種，也就是說幾乎沒人買賣了

寫給新人的建議：

1、主流幣種適合新人練手，可先小倉位練手累積經驗

2、小幣種交易量不大，建議深入研究幣種後，再考慮是否
　投資

3、有操作經驗後，作好合適的配倉比例

4、若自認為並非短線高手，則建議考慮長線定投策略

5、保持良好的持幣心態

如何分析一個幣種是否靠譜

基礎篇

1、技術前景

2、技術實力

3、落地操作

4、群眾基礎

5、礦工支持

消息面：消息靈通，才能賺大錢

技術面：學會看懂 K 線圖

數字資產錢包

1、數字資產錢包的意義
　我們平常放現金的是錢包，你把錢放在支付寶，支付寶
　就是你的錢包，數字貨幣也一樣

數位錢包可分為中心化錢包和去中心化錢包，中心化錢包就是你的數字貨幣都放在別人那里，由他們為你保管，比如交易所就是一個中心化，所以選擇一個安全，值得信賴的交易所是多麼的重要。

去中心化的錢包是基於區塊鏈上一個帳戶所顯示的軟体，也就是它本身不會對你的數據進行儲存，包括你的私鑰和餘額數據轉帳，都不會進行保存。

2、數字錢包的核心功能

數字錢包裡存著你的數字資產，錢包地址＝銀行卡帳號，私鑰＝我們的密碼，一旦私鑰被別人知道，別人就可以把我們的幣轉走，所以要好好保存私鑰及不外漏。

3、公鑰和私鑰

公鑰是與私鑰算法一起使用的密鑰對的非秘密一半。公鑰通常用於加密會話密鑰、驗證數字簽名，或加密可以用相應的私鑰解密的數據。公鑰和私鑰是通過一種算法得到的一個密鑰對（即一個公鑰和一個私鑰）其中的一個向外界公開，稱為公鑰；另一個自己保留，稱為私鑰。通過這種算法得到的密鑰對能保證在世界範圍內是唯一的。使用這個密鑰對的時候，如果用其中一個密鑰加密一段數據，必須用另一個密鑰解密。比如用公鑰加密數據就必須用私鑰解密，如果用私鑰加密也必須用公鑰解密，否則解密將不會成功。

原文網址：https://kknews.cc/news/pk9jmg8.html

4、助記詞

Private Key 私鑰 - 你可以當成是你銀行的密碼及登入 ID

Private Key 例子：E9873D79C6D87DC0FB6A5778633389F
4453213303DA61F20BD67FC233AA33262

私鑰非常長不好輸入，人們通過一種加密方法把私鑰轉化成為容易好記的詞語，這就是助記詞（幫助記憶的詞）

這只是一種表現形式「還有很多，以太幣的助記詞就是單個英文單詞組成的，但如果助記詞忘了或掉了，只能夠以私鑰的方式來解鎖

6、數字錢包的帳戶安全

以上所講的詞都和你在使用帳戶時的安全性有關系，在一定情況下如果以上的某項內容不見了，就會造成無法挽回的後果。

三種狀況下我們的數字貨幣可能會不見！

1、私鑰被別人知道

2、助記詞洩漏了

3、登入的帳號密碼洩漏

所以一定要把助記詞放在很安全的地方

7、錢包的分類 ---

冷錢包（離線錢包）

如果不放心自已的幣放在交易所，可以另外購買如 USB 的冷錢包

沒有網路的環境下也可以使用的錢包就是冷錢包，但如果忘了密碼或私鑰就 GG 了

優點：非常安全　缺點：創建非常麻煩，交易也很麻煩

熱錢包（線上錢包）

大家常用的一直聯網狀態下的錢包都是熱錢包，比如：電腦客戶端錢包，手機 APP 錢包，網頁錢包等。

優點：使用方便，新手易操作，交易轉帳的效率比較高　缺點：安全性不如冷錢包好

中心化錢包（鏈下錢包）

完全依賴運行這個錢包的公司和服務器，你存在交易所的比特幣就是中心化錢包（鏈下錢包）裡保存的。

優點：私鑰忘了可以找回，平台會把私鑰安全作的不錯　缺點：你的私鑰控制在什台上，平台 " 作壞事 " 你是無法阻止的，平台關閉後你的幣就沒有了

8、主流錢包該怎麼選

選擇錢包的四個因素

投入資金量、投資品種、交易頻率、對網路安全的認識

最重要的就是 安全性，及應用性

具体選那一款錢包呢？

投入百萬的土豪：建議直接用冷錢包

對網路安全完全相信的新手們：選一個靠的住的中心化錢包

中心化的錢包對新手較好，不用擔心沒有備份或忘記私鑰

長期投資者：建議放在交易所即可，因為可能需要時才能即時交易

9、Kcash 錢包

https://www.kcash.com/ （可以上官網去了解及依需要下載試用）

（可用手機掃描此二維碼進入）

去中心化的錢包，是全球支援幣種最多錢包之一，支援
BTC、ETH、BCH、LTC、ETC、ACT、ECS、GXS、USDT 等
九大公錄幣，上萬個數字貨幣持續增長中

多帳戶系統

去中心化帳戶和托管帳戶雙核驅動，完美解決數字資產安
全存儲與靈活交易。

幣生幣，活幣寶、鎖倉寶，價值投資幣本位，穩健增長幣
多多

開放第三方生態，多樣性 Dapp 應用平台，開放第三方應用
入住

■ 後記 ■ ■ ■

記得我是去年在魔法講盟的活動中認識吳宥忠老師的，而
且我也報名了老師的"一起創業吧"課程，從去年上課至今，
覺得每次來學習都有收獲，老師本身有很多著作，也有很多斜
槓技能，除了區塊鏈，也教業務行銷、企業顧問、甚至是目前
也很流行的"個人百萬 IP"。

為什麼老師會懂的這麼多，這也跟老師有非常豐富的工作
及創業經驗有關，除了工作上的經歷，老師還是一個非常好學
的好榜樣，他在年輕時也是跟很多的老師學習（感覺和我這一、

二年的狀況很像），所以老師不但有豐富的工作經驗，也有很多良師益友，更是在區塊鏈這個知識領域，是台灣目前極少數的先驅者，這也是為什麼老師不只教課，還有很多的人才和老闆尋求與老師的合作和創業，這也是老師今年為什麼會寫出"區塊鏈創業"這本書的緣由之一～

記得去年底時，我參與老師與神采藝藝一起合辦的"打照個人百萬 IP"二天的課程，我才發現老師不只對於區塊鏈，連如何打造個人的可見度及市場性，老師都有很深的研究，並且把實行的方法都教給我們了，再來就是我們要學習在時間裡怎麼練習和把這個行銷技巧訓練的更純熟了。

現在我仍然跟著老師學習中，已上過區塊鏈的線上課程，今年四月會再參與區塊鏈認證班的實體課程，盼望跟老師學習到更多區塊鏈的最新知識及應用，並在不久的將來，期許自己和老師一樣，能成為獨當一面的好老師，把更多好的知識分享出去，讓更多的人能藉由學習，加強自己的能力，並讓台灣的區塊鏈應用加速成行，感恩老師的教導～

這裡誠摯的邀請朋友們可以來報名魔法講盟區塊鏈認證課程歡迎與我聯絡來為您安排～ fonechen@gmail.com

■ **讀書心得** ■ ■ ■

　　老師的著作很多，這裡分享最近看的
這一本書"區塊鏈創業" 如下，非常精
采！

書名：區塊鏈創業

作者：吳宥忠

　　選擇原因：想學習老師在區塊鏈瞬息萬變的時代如何掌握
資訊，應用最新的機會創業及開創新局

　　重點：

第 一 篇 創業請從思維開始

　　　　　　01 打通你創業思維通路

　　　　　　02 成功模式與商業思維

　　　　　　03 輕重資產策略

　　　　　　04 邊際成本思維

　　　　　　05 高築牆思維

　　　　　　06 現金流策略

　　　　　　07 反脆弱思維

　　　　　　08 解決一個社會痛點思維

　　　　　　09 淨利潤思維

　　　　　　10 跟對趨勢思維

　　　　　　11 打造個人百萬 IP

■ 讀書重點與心得 ■ ■ ■

　　想讀這本書，除了作者是我的老師以外，最重要的是 我想更多了解區塊鏈的定義、運用，及未來的成長性～可能關系著我們每一個人的未來，所以愈了解，我們才能有機在裡面找到對於人類生活的進階解決方案，讓我們開始吧～

　　以下是每篇的重點及心得：

第 一 篇 創業請從思維開始

　　打造創業的思維：

一、透過時間的思維通路～凡事都要順勢而為，不要總想著逆天而行

二、改變角度的思維通路～不要盯著競爭對手，要站在客戶的角度和需求

三、不同空間的思維通路～了解不同環境＆空間的差異性而作出彈性的調整

　　成功模式與商業思維～

　　稻盛和夫的成功方程式：<u>正確的思考方式 * 熱情 * 努力</u>

　　其中最重要的是 思考方式，正面思維＝正確的思考方式（利他）才有成功的可能

　　邊際成本思維～計算及了解邊際效益、邊際成本、邊際利潤，才能立於不敗之地

　　高築牆思維～高築牆、廣積糧、緩稱王，積蓄力量，備足軍糧，等待時機

現金流策略～永遠有正現金流並有足夠的週轉金

反脆弱思維～怎麼先作好準備，可以在 黑天鵝出現時，能讓接受巨大的困難衝擊

解決一個社會痛點思維～解決真痛點，開發新商機

淨利潤思維～提高價格、增加銷量、減少支出

跟對趨勢思維～商機來時怕我們卻～看不見、看不起、看不懂、來不及

打造品牌 IP（知識產權 IntllectualProperty）～

一、品牌自製　二、品牌與媒体平台聯合打造　三、品牌＊知名 IP 聯合定製　四、成熟品牌 IP 化

品牌 IP～ 一、定位梳理　二、方式評估　三、設計內容　四、傳遞價值　五、商業衍生

創業需同步考量 時間、角度、空間，並具備 正確的思考方式，同步計算邊際成本、效益，

並搭配複合的策略，跟對趨勢並打造企業的獨特 IP，來締造我們的 獨特 & 國際化企業～

第 二 篇　你不可不知的區塊鏈

什麼是區塊鏈～　藉由密碼學串接時間戳記、交易資料而成為分散式帳本的概念

關於區塊鏈的應用～ 分散式帳本、數位簽章加密、共識機制、智能合約

區塊鏈演進四階段～加密貨幣、智能資產（契約）、金融領域應用、更複雜的智能合約

區塊鏈未來趨勢～賦能傳統企業、穩定幣、即服務、證卷型代幣、混合型區塊鏈、聯盟鏈

區塊鏈生態圈～硬体層、底層技術層、API層、商業模式層、投資層

區塊鏈始於學習～區塊鏈認證班、區塊鏈進階班

數字經濟技術體系～物聯網、雲計算、大數據、人工智能、區塊鏈

區塊鏈可以與物聯網、雲計算、大數據及人工智能一起衍生出更多的新應用服務，推動數字新經濟的高速度、高品質發展。

第 三 篇 區塊鏈的特性

去中心化～容錯性、抗攻擊性、抗勾結性

去中間化～共享經濟、知識產權、同步數據、設備互聯、數位資產、改變服務

去信任化～降低了信任成本，而實現的方式就是「無需信任，例：第三方支付

分散式帳本～技術替代、可擴展、全新基礎設施、分散式金融模式

全球市場～ICO、IEO、STO，365天全時運轉不休息

天生具有支付使命～支付產業體系的加入、跨越不同支付系統

實現價值傳遞及儲存～高速傳遞、全世界流通、價值儲存

跳脫傳統眾籌新模式～ICO、IEO、STO

"區塊鏈的特性" 為 去中心化、去中間化、去信任化、分散式，全球 24 小時運營並即時傳遞到全世界，還衍生出眾籌新模式

第 四 篇 區塊鏈的切入機會

區塊鏈六大賺錢商機～培訓、媒体、公私鏈、賦能、上鏈產業、專業基金

區塊鏈的應用～汽車、醫療、保險、藝術、政府、音樂、公共衛生、基因測序、智慧城市、助學系統、身份驗證、婚姻、學歷證書、網路安全、人工智慧

創業借力於區塊鏈～生產力、本質（信息、金融、社會）、成長倍數、下個 10 年

去中心化的項目是個好機會～瀏覽器、儲存、視訊通話、社交網路、系統操作、訊息傳遞

區塊鏈 +5G～ 物聯網、大數據、人工智慧、車聯網、無人駕駛、工業控制、5G

區塊鏈 + 醫療～ 安全性、交互性、可訪問性和透明性、供應鏈管理、保險詐欺、臨床實驗、自身數據

支付市場～加密貨幣支付、資管安全、金融督管

區塊鏈＋物聯網～提昇 5G 覆蓋率、提升網路邊緣計算能力、提升身份認證能力、提升安全防護能力

提升通信網路運維能力、提升國際漫遊結算能力、提升數據管理能力、基於區塊鏈的雲服務

區塊鏈＋金融～跨產業協作、多方共同參與、去信任金融服務的試驗與合規之路

區塊鏈賦能保險～基本保障、退休規劃、資產傳成

區塊鏈＋教育～技能證明、身份、治理、成績單、出版、雲端儲存、人力資源、學生記錄、基礎設施安全、共乘、預付卡、智能合約、學習市場、記錄管理、零售、圖書館、公共協助

區塊鏈＋航空安全～GPS、供應鏈管理、無人機駕駛、

區塊鏈賦能＋NBA～門票、球星虛擬幣、商品溯源、球員履歷認證、球員抖內、慈善事業

<u>區塊鏈幾乎能應用及加強在生活的每一面，端看未來的發展在那一產業上能先成熟～</u>

第 五 篇 區塊鏈新創產業

數字貨幣交易所～中心化交易所、去中心化交易所、混合式去中心化交易所

發行貨幣～流通交換性、激勵經濟、價值上鏈、限制總量

央行數字貨幣～如何發行、對於商業銀行的影響、存款利率、系統相容、監管問題

STO 上市產業～法幣通證、流程通證、補充通證、加密貨幣

去中心化金融 **DeFi**~ Decentralized Finance，可<u>互通性</u>

非同質化代幣 NFT~（Non-Fungible Token，NFT） 有形 / 無形 & 同質化 / 非同質化

智能合約～投票、供應鏈管理、汽車、房地產、衛生保健、金融、法律

合約交易～指買賣雙方對未來約定某個時間，按指定價格接收一定數量的某種資產協議交易

DAPP 運用～ Decentralized Application，分散式應用或去中心化應用

基於計算能力、存儲能力、資料、關系的去中心化，可在區塊鏈公鏈上開發並結合智能合約

<u>本書讓我從 創業思維、區塊鏈的特性、可應用範圍及未來的產業變更這四方面學習，確實開啟了我對未來的想象，當區塊鏈變成我們日常生活的一部分，我們的工作及生活形態也會和現在大不相同，所有的個資保密上鏈上雲端，所有的機器皆可互聯自動化，甚至連理財投資都可能是自動化了，所以我該加強我的學習速度並練習整合能力，才可以更多掌握先機。</u>

4、重點摘錄

　　未來的趨勢有三個：AI、大數據健康、區塊鏈

　　區塊鏈的市場是 全世界的市場（全世界唯一）

什麼是區塊鏈？

　　區塊鏈起源於中本聰的比特幣，作為比特幣的底層技術，本質上是一個去中心化的資料庫。是指通過去中心化和去信任的方式集體維護一個可靠資料庫的技術方案。

區塊鏈的起源

　　若要解釋何謂區塊、區塊鏈，還得 1982 年提出的拜占庭將軍問題說起，拜占庭將軍問題實際是對網路世界容許入侵體系的模型化。

區塊鏈的特徵

　　一、是去中心化。 二、是開放性。三、是獨立性。四、是安全性。五、是匿名性。

區塊鏈可以發展的項目

　　硬体、底層技術 &API 層、教育培訓層、商業模式層、投資層

區塊鏈生態：

區塊鏈認證培訓 / 區塊鏈生態圈 / 中高級認證 & 落地 / 區塊鏈投資基金

資訊科技世代的推進 ~ 區塊鏈的演進歷史：

互聯網 ~ 大數據 ~ AI 人工智慧 ~ 區塊鏈 ~

全世界區塊鏈專利排行

以公司來看：第一名 Alibaba，第二名 IBM，第三名 Master Card

以國家來看：第一名 中國　　，第二名 美國

科技技術的演進案例：

EX：二維碼是日本人在 1994 年開發的，但直到 2016 年由中國人發揚光大（支付寶），目前支付寶的日支付達 1.3 億筆，但日本公司當初沒有申請專利，所以少了這樣子的獲利機會。

（二維碼只有條碼的十分之一大小）

未來區塊鏈能賺大錢的五個項目

1、區塊鏈相關的培訓

2、區塊鏈媒體

3、區塊鏈公鏈 & 跨鏈

4、實體相關產業（私家雲）

5、與資產上鏈相關的區塊鏈家

6、區塊鏈的專案基金

虛擬幣經歷了三個階段：

1、數字貨款、加密貨幣 1.0

2、數字貨款、加密貨幣 2.0

3、數字貨款、加密貨幣 3.0

區塊鏈經濟

唯有區塊鏈可以建立價值網絡（只有簽名的雙方收的到）

區塊鏈經歷了三個時代：

1、數字貨幣 1.0

2、數字資產 2.0

3、數字經濟 3.0

什麼是比特幣？

比特幣後面可以有 8 個零，一般國家貨幣最少是 1 分，所以未來比特幣可能價值 100 萬美金

2013 年時比特幣價值為 1200 多美金

比特幣生態圈

1、有自已的交易所

2、數字黃金（可用來兌換所有的虛擬幣）、國際貨幣基金
（已有國家開始運作計劃）

3、比特幣的研究與資訊服務商

4、挖礦的軟體與設備商

5、比特幣的衍生性金融商品

比特幣的誤區

1、只是一個幣？ 有相關的虛擬幣生態圈

2、比特幣沒有價值？現在更多人已投入（JP 摩根 CEO）

3、比特幣目前的接受度？連特斯拉都接受比特幣付款

4、比特幣被關閉？ 不可能，是分佈式的，有網路就可以
存在

5、比特幣用于犯罪？ 這個難度愈來愈大，因為需要個資才
能申請帳號，可以追溯

區塊鏈技術

一、一個分佈式帳本，一種透過去中心化，去信任的方式個体
維護的一個可靠數據庫的方法

二、區塊鏈是”數據庫”，存的是”帳”，所有人都可以參與，
用數據塊＋鏈的存儲方式

三、共時機制、密碼學、分佈式

區塊鏈價值～打造一本可信帳本

區塊鏈存儲方式～時間軸、隨機數、交易 catche

區塊鏈的特點

一、去中心化、分布式、安全環境中、對等

二、防竄改～哈希函數、非對稱加密、RSA、ECC

三、共識算法～拜占庭容錯、公鏈、私鏈、聯盟鏈

比特幣 有公鑰和私鑰～P2P 傳輸

區塊鏈

公鏈～社群、匿名、共識機制限制、速度慢

私鏈～自已社群、不需要礦工、交易私密、根據業務

主要區塊鏈公鏈

以太坊 - 智能合約（ICO 發行幣使用）

Hyperledger（公司 IBM & Linux 等企業在使用）

R3- 分布式 -（銀行使用）

幣（Coin） & 代幣（Token）

公鏈等於手機的作業系統，代幣等於手機上的 app

一般是選擇公鏈，因為維護成本高也較穩定，因為代幣不

太需要維護成本，故相關價值低很多

　　區塊鏈要解決的是<u>信任關系</u>

　　數字貨幣、記錄保存、股票證卷、智能合約

一、去中心化分布式記賬　　（10 分鐘區塊、不可逆轉、無法篡
　　改）

二、共識機制 - 遊戲規則　　（挖礦 POW/POS/ DPOS 工作量證明 -
　　記帳，多勞多得，自動自發，DPOS）

三、去中心數據上鏈 - 回歸使用者　（EX：FB 有計劃發行自己的
　　幣，如果設定規則後，分享幣的利潤給使用者或廣告商）

區塊鏈賦能

　　1、賦能實体產業：

　　2、阿里區塊鏈　（阿里巴巴）

　　3、股票交易 - Tzero.com　　https://www.tzero.com/

　　4、投票好評 - 確保投票的公平性

　　5、預測 - 彩票　怎麼確認博奕網站中獎的可預測性　https://
　　www.augur.net/

　　6、版權契約 - 怎麼用智能合約保障作者的版權權益　http://
　　myceliaformusic.org/

　　7、共享經濟 - AirBnb，Uber，Blockchain：-

　　8、契約擁有權 & 使用　房產、企業用的合約　https://www.

ubitquity.io/

9、保險　　微形保險、保單借款自動化

10、醫療　　病歷全上傳到區塊鏈，各醫院不用存病人履
歷，如病人開放權限，醫生可查詢

11、公益　　透過區塊鏈方式捐款可以確認被幫助者 100%
可以收到款

12、政府及公民 杜拜 希望減少紙張（無紙化），企業註冊
全自動化，房產資訊上鏈，連旅遊皆可

13、體育　　幫每位球員發幣，如果此球員有很多廣告等收
入，擁有球員幣的人也可以獲利

14、溯源　　京東節點：Brand 廠商，生產，加工，運輸到
銷售＝唯一的身份證

15、認證上鏈　上完課拿到證書的認證鏈一樣會上到區塊鏈
上有自已的身份證

虛擬幣～

1、什麼是數字資產交易所？

是指進行數字貨幣間，數字貨幣與法幣間交易撮合的平台，
是數字貨幣交易流通和價格確定的主要場所。國際較知名的為
Binace 幣安、Huobi 火幣等～

2、如何選擇適合自己的交易所

　　全世界的交易所有好幾萬所，選擇交易所該注重二個重點

一、交易深度：每個時間點的掛單數量，深度愈大說明流動性愈好，越有利於交易，而深度太小意味著沒有什麼人在這個平台參與交易，有時候一點小錢就可以起到拉盤和砸盤的效果

二、上市質量：這個很難把握，因為大部分的數字貨幣都非常會對自已進行包裝，需要一定的專業知識

3、四大交易所分析

　　Biance 幣安，全世界最多人使用的平台，成立於 2017 年，可以用台幣直接購買

https://www.binance.com/en

（可用手機掃描此二維碼進入）

　　Huobi 火幣，大陸最多人使用的平台，成立於 2013 年，可以用人民幣及台幣直接購買

https://www.huobi.fm/zh-hk/register/?invite_code=8di23

（可用手機掃描此二維碼進入）

Coinbase，美國交易所，成立於 2012 年，不支援台幣入金，無中文

https://www.coinbase.com/join/5b875d1345

ed170e60d880f9

（可用手機掃描此二維碼進入）

Kraken，美國交易所，成立於 2011 年，不支援台幣入金，支援簡体中文

https://www.kraken.com/zh-cn/

（可用手機掃描此二維碼進入）

4、台灣主流交易所

Max，台灣交易所，成立於 2018 年，支援台幣入金，台灣第一間數位資產交易所

https://max.maicoin.com/

（可用手機掃描此二維碼進入）

Bitopro，幣託，台灣交易所，成立於 2017 年，支援台幣入金

https://www.bitopro.com/

（可用手機掃描此二維碼進入）

Ace Exchange，台灣交易所，成立於 2018 年，首創經驗值點數獎勵政策

https://ace.io/home

（可用手機掃描此二維碼進入）

5、交易所相關名詞

場內交易：

　　優點：平台自動幫你匹配，限價交易。 缺點：國內的場內交易全是幣幣交易，無法台幣直接買

場外交易：

　　優點：可以在平台上匯總，方便大家交易　缺點：需要雙方同時在線操作，有可能產生糾紛

交易入門基本知識

1、交易時間：7*24 小時全年無休市

2、開戶：開戶流程簡單，只需要註冊完成實名證證即可充值或充幣即可開始交易

3、交易手續費：不同的交易所手續費不同

4、T+0：數字貨幣是 T+0 交易，當天買入當天即可賣出

5、無限跌停：數字貨幣交易無關跌停限制，股票有漲跌停限制

6、交易單位：以比特幣為例，最小可賣 0.0001btc，沒有股票最少賣一手 100 股的交易限制

7、提現充值交易無時間限制：隨時提幣提現，現金流動性高

交易所交易流程～買幣、賣幣、選幣、提幣

交易所分為四大版塊

一、個人資訊～

二、錢包管理～

三、交易對～

四、K 線怎麼看～

該買什麼幣？

數字貨幣有上千種，並且還在不斷的增加當中，主要分為：

1、主流貨幣，一般來說，這種幣種都支持直接用 USDT 購買，例如：BTC 比特幣，BCH 比特幣現金，ETH 乙太幣，LTC 萊特幣，DASH 達世幣，ETC 以太經典，XRP 瑞波幣等

2、熱門小幣種：一般來說，這種幣種往往僅支持用 BTC、ETH 進行兌換購買，例如：UNI、HT、LRC 等

3、已死幣種：交易量接近 0 的幣種，也就是說幾乎沒人買賣了

寫給新人的建議：

1、主流幣種適合新人練手，可先小倉位練手累積經驗

2、小幣種交易量不大，建議深入研究幣種後，再考慮是否投資

3、有操作經驗後，作好合適的配倉比例

4、若自認為並非短線高手，則建議考慮長線定投策略

5、保持良好的持幣心態

如何分析一個幣種是否靠譜

基礎篇

1、技術前景

2、技術實力

3、落地操作

4、群眾基礎

5、礦工支持

消息面：消息靈通，才能賺大錢

技術面：學會看懂 K 線圖

數字資產錢包

1、數字資產錢包的意義

我們平常放現金的是錢包，你把錢放在支付寶，支付寶

就是你的錢包，數字貨幣也一樣

數位錢包可分為中心化錢包和去中心化錢包。

2、數字錢包的核心功能

數字錢包裡存著你的數字資產，錢包地址＝銀行卡帳號。

3、公鑰和私鑰

公鑰是與私鑰算法一起使用的密鑰對的非秘密一半。公鑰通常用於加密會話密鑰、驗證數字簽名，或加密可以用相應的私鑰解密的數據。公鑰和私鑰是通過一種算法得到的一個密鑰對（即一個公鑰和一個私鑰）其中的一個向外界公開，稱為公鑰；另一個自己保留，稱為私鑰。

原文網址：https://kknews.cc/news/pk9jmg8.html

4、助記詞

Private Key 私鑰 - 你可以當成是你銀行的密碼及登入 ID

Private Key 例子：E9873D79C6D87DC0FB6A5778633389F4453213303DA61F20BD67FC233AA33262

私鑰非常長不好輸入，人們通過一種加密方法把私鑰轉化成為容易好記的詞語，這就是助記詞（幫助記憶的詞）

6、數字錢包的帳戶安全

三種狀況下我們的數字貨幣可能會不見！

1、私鑰被別人知道

2、助記詞洩漏了

3、登入的帳號密碼洩漏

所以一定要把助記詞放在很安全的地方

7、錢包的分類 ---

冷錢包（離線錢包）

如果不放心自已的幣放在交易所，可以另外購買如 USB 的冷錢包

優點：非常安全　缺點：創建非常麻煩，交易也很麻煩

熱錢包（線上錢包）

大家常用的一直聯網狀態下的錢包都是熱錢包，比如：電腦客戶端錢包，手機 APP 錢包，網頁錢包等。

優點：使用方便，新手易操作，交易轉帳的效率比較高　缺點：安全性不如冷錢包好

中心化錢包（鏈下錢包）

完全依賴運行這個錢包的公司和服務器，你存在交易所的比特幣就是中心化錢包（鏈下錢包）裡保存的。

優點：私鑰忘了可以找回，平台會把私鑰安全作的不錯　缺點：你的私鑰控制在什台上，平台 " 作壞事 " 你是無法阻止的，平台關閉後你的幣就沒有了

8、主流錢包該怎麼選

選擇錢包的四個因素

投入資金量、投資品種、交易頻率、對網路安全的認識

最重要的就是 安全性，及應用性

具体選那一款錢包呢？

投入百萬的土豪：建議直接用冷錢包

對網路安全完全相信的新手們：選一個靠的住的中心化錢包

中心化的錢包對新手較好，不用擔心沒有備份或忘記私鑰

長期投資者：建議放在交易所即可，因為可能需要時才能即時交易

9、Kcash 錢包

https://www.kcash.com/ （可以上官網去了解及依需要下載試用）

（可用手機掃描此二維碼進入）

去中心化的錢包，是全球支援幣種最多錢包之一，支援 BTC、ETH、BCH、LTC、ETC、ACT、ECS、GXS、USDT 等九大公錄幣，上萬個數字貨幣持續增長中

這裡誠摯的邀請朋友們可以來報名魔法講盟區塊鏈認證課程歡迎與我聯絡來為您安排 ~ fonechen@gmail.com

玖之型 ●●●● ●
Fintech 金融科技之虛擬幣交易平台（羅德）

- ☑ 1、老師介紹
- ☑ 2、課程 / 產品介紹（優點和幫助）
- ☑ 3、對我的影響和學習
- ☑ 4、重點摘錄

1、老師介紹

幣神團隊創辦人

羅德老師 / 亞洲區塊鏈經濟策略大師

▶台灣區塊鏈策進協會主委

▶魔法講盟專任講師

▶若水學院合作講師

▶米夫知享線上講師

▶數字貨幣實戰講師

▶學校機構特約講師

▶區塊鏈經濟策略師

▶投資型保險規劃師

▶會議行銷學策畫師

▶醫療保險理財顧問

▶智慧合約應用講師

▶區塊鏈投資學講師

▶中國區塊鏈創業導師

著作：

投資完賺金律 一書

羅德老師出身於財商系所畢業，在學生時代就已經開始學習如何投資股票，自身也擁有 15 年以上的金融市場經驗，平時除了擔任朋友圈裡的天使投資人外，更專門對於股市，期貨，外匯，基金，保險，比特幣等等相關的金融商品有著相當研究，為了真正落實理論派與實戰派的結合，近年分別在 CBPRO，台灣經濟研究院等合作機構參與研究以及培訓外，其間更積極參與修得中興大學 EMBA 創業投資與私募股權學分，使得這段期間獲得各種獎項證照，未來戰略布局上也將朝向大中華市場做為發展的核心。著有「投資完賺金律一書」，更是各大通路書店的暢銷書呢！

股神巴菲特曾說過的名言：如果你無法找到在睡覺時也能賺錢的方法～那麼你將工作到死為止，所以我們都一直嚮往著財富自由，但一般的投資人卻不知道他們到底是在投資還是投機？想要啟動財富自由之前，先試著想想您是在投資嗎？還是只是個賭徒呢？市場上的資金盤真的能投資嗎？還有定期定額的投資真的適合自己嗎？會不會最後其實都是一直在定期的追高呢？虧損攤平真的就會把成本給降低了嗎？定期定額的迷失，會不會讓你越攤越平，最後卻直接給你躺平呢？其實學會理財更勝過於頻繁的下單交易唷，最後你會發現真正的理財賺的利潤會在投資之上，以下將與你分享羅德老師平時的投資操作策略。

投機者們的狂歡派對

從小的時後，父母長輩們總是教育孩子們要存錢，存錢是一件美德，因為你賺了 100 塊卻又花掉了那 100 塊，實質上你還是沒有那 100 塊，如果你哪天真的急需要用錢時，你會發現你口袋裡是沒錢可以應急的，筆者身旁有很多業務員外表看似光鮮亮麗，月入 10 萬不是問題！但在他門身上賺得多也等同花費掉得多，當我們剛起步出社會賺錢時，賺到 2 萬的收入，生活開銷頂多只會落在 1 萬塊左右，因為知道自己賺的不多，所以更懂得儲備的重要，但隨著在社會打滾久了，一年比一年賺的錢都多更多了，平均一個月的薪支也來到了 4 萬塊台幣之多，一般人因為錢賺的多了，所以對於開銷上也就更敢花費，因為明白自己下個月將再有那些收入，無形間也把物質上的開銷給養高了，假使收入代表船隻，當船隻的重量越大時，相對的吃水量就會更大，人們在收入上和支出上的心理剛好和這船隻的噸位成上正比，如果薪支水平提高了，那麼開銷也就自然增加了，反觀那些只領著低薪的小資族們或許帳戶裡才是真的有錢，在理財方面都比那些領著高薪族們的要來得有智慧！就以筆者實際朋友為例，我有一位高中朋友，他平均一個月的收入都在 5 萬塊以上，但他總是抱怨生活費根本不夠他使用，還得到處跟那些領得比他錢少的 24K 周轉，聽了是不是感覺額外的諷刺呢？

所以不管賺多賺少，請試著先學會存錢，並省掉那些不必要的開銷吧！但現在年輕人為何寧可把錢全部花掉去買衣服也不想把錢存下來呢？因為時代背景的不同，現在的年輕人正處於吃不飽也餓不死的年代，人人都有夢想，年輕人當然也有著自己的夢想，更多的人都是懷抱著發財夢，存錢只會讓自己的錢越存越少而已，想想看現在是一個通貨膨脹非常有感的年代，萬物其漲，以 100 塊來說，你現在能夠買到的商品將再 2 年後買不到，也就是說你的 100 塊可能要提高到 110 塊又或者是 120 塊才能買到，原本的購買力僅剩下 8 成，那麼你的錢是不是越存越少呢？再加上現在低薪時代，不如好好的活在當下就好，喜歡吃什麼就去吃，喜歡什麼商品就大方的買下去！現在環境的氛圍就是如此，你說年輕人真的放棄大富大貴的夢想了嗎？當然不是如此！你有聽過有人因為只有存錢就變成億萬富翁的嗎？我想應該是沒有的吧？但我們絕對有聽過那些有錢人們絕對都有做投資！訪問一下那些企業家哪一個不投資的呢？人兩腳錢四腳的台灣諺語是真的，台灣首富郭台銘是不是一直在投資新的產業呢？不斷設廠擴大自己的事業版圖並併購相關產業，台灣護國神山也是一直再擴廠，並積極研發更新更小的奈米技術不是嗎？股神巴菲特也是投資股票而變成美國富豪的，所以要有錢就必須先學會投資。

資金盤騙局

但投資並不是件簡單的事，而且市場上出現很多掛羊頭賣狗肉的詐騙，你以為找到的是一個千載難逢的好投資，其實有可能只是個騙局！一般大眾沒接觸過投資的往往都會被高報酬給吸引住，例如投資個 30 萬，每個月能領到 5 萬塊的利息，介紹朋友進來又能領到 10% 以上的傭金，也就是每介紹一個入單 30 萬的人你額外賺 3 萬塊的收入，這些筆者都先把它們稱之為資金盤，想想看光利息一個月就能領上近 20%，然後每介紹一個人再賺 10%，這世界上有如此好康的事？即然這麼好康怎麼會輪到你呢？是否有認真的去想過這問題呢？一般人在聽到這高報酬的投資後都會用自己的方式說服自己的大腦這項投資是 OK 的，不會有風險的，如果就算有風險我也不可能那麼倒楣吧？所以就這樣上了車投資，反觀那些比較穩定的投資就不再看在眼裡了，想想看你現在是每個月 20% 再領，而且介紹一單賺 10%，也就是介紹個 10 單你就是無本投資了，如果都不介紹 5 個月後你也就回本了！現在換成一年 12% 的穩定型投資我想你應該完全看不上，就這樣市場上的正規商品你看不上，總提心吊膽的帕一年 12% 的投資基金會有風險，就忘了你現在投資的資金盤才是最大的風險所在，當然為了讓你感覺是真的，這些資金盤一開始都會讓你領的到錢，因為這樣一來你將會更相信這是真的，這之後你就更敢向朋友介紹賺獎金，自己也更敢把所有的錢都投入進去，因為本金越多領的錢就越多嘛！沒有錢怎麼辦？去借也要借來投資，結果不出 3 個月或半年後，你的利息領不到了，才發現這一切都是騙局一場，你貪得是利，但莊家們要的是你的本金。

其實我們都知道投資是最快的財富自由管道，但我們總以為自己是在投資，其實是在投機，投資跟投資之間我們往往已經無法清楚的分辨，筆者在這裡替大家整理一下我們一般聽到的投資，投機是不一樣的唷！尤其是理財，我們都說要養成理財的好習慣，理財是不等於投資的唷！

何謂理財？

理財在於守住您的本金，且能看見未來性，知道到期會拿到多少回報，例如：銀行定存單，台幣儲蓄險，或長期租約的收益，這些都是能看見未來性的，我知道我的收益會是多少，且到期之後不會影響到我的本金，不可能我把錢放在銀行定存，合約到期後少掉本金吧？收租也是，因為簽了長期約，所以我能確定的事就是每期能收到的租金，理財在於保本，雖然收益上會比較少，但留住你的財產比什麼都要來的重要，尤其是富人們是以理財的收益為主，他們比較害怕失去他們的本金，所以是不會輕易冒險的，有錢人賺得是利差，只花利息錢就能吃上三代不成問題了。

何謂投資？

投資是可能影響到本金，但長期來說會是成長的，尤其放長線所賺出來的報酬是相當可觀的，例如：把錢放進股市的績優股裡，股市面臨震盪時，你的本金是可能虧損的，但長期來說只要公司有盈利且年年成長，股價是會一年比一年高的，尤其像是台北的土地一樣，30年前購買，現在的價格絕對讓你做夢都會笑，唯一缺點是對未來是不知道的！因為我不能預測股市明天漲或跌，所以只能放長時間來賺取報酬，這也是一般大眾所做的項目，賺價差。

何謂投機？

投機就是市場上所謂那些高報酬項目，投機講求的就是時機財，只有當下這時機點上才有，錯過了那可能這局就沒有了，代點賭博性質，也可以說投機就是博弈，因為只有機會跟命運這兩個結果，機會就是可能一次爆賺，命運就是連本金都賠上，一次定輸贏，資金盤就是如此，以為是好的高報酬投資，結果可能只領到 1.2 次就倒了，你的本金一次全沒，賭博就是如此，要輸贏一次絕勝負，大多 10 次裡 9 次都是輸的，其中的一次就是好運到不賠本金而已，說到賺嗎？可能是不到 0.5 成的少數吧！不然莊家是佛心來的公益機購嗎？投機就是看上人性裡的貪，明知道可能會有極大的風險，但還是願意一試。

這樣的解釋下，想必讀者們更能了解其實理財不等於投資唷！尤其投資跟投機又是不同的領域，往往我們都是錯誤的投資，但實際上你已經採在投機的陷阱裡了，我們都想效仿富人們投資，但有錢人們其實是不太會去投機的，因為他們本身已經夠有錢的了，他們只想守住自己的每一分錢，所以一般有錢人是比較保守只做理財規劃的，那些窮人們更不會去做投機的事，因為他們自己連吃飯生活都有問題了，怎麼可能又賭上自己的吃飯錢呢？窮人也都是從理財開始起步，先保住本金再談投資！只有沒有錢的人才會去投機，因為本身已經有一份穩定的工作了，在閒暇之餘會將多餘的資金拿出來做奮力一博試試，購買個人生機會，就像我們生活中的那些運動彩卷跟威力彩一樣，雖然明知道自己不會中頭獎，但就是替自己買一個希望，小賭怡情，大賭傷身，可以小玩，生活會充滿樂趣，但切記勿拿生活費都去下注這就不好了。

不得不承認，想賺快錢就必需學會投機，投機是最快讓人致富的方法之一，但如何運用投機賺到錢呢？讀者們粉想一下，傻傻的理財與志在擊敗大盤的專職操盤手，會發現，當我們還不懂投資前，做好默默的理財規劃，保住本金，那 10 年下來也是總獲利 120%，相對於頻繁的下單投資，因為受大環境影響，有可能今年的虧損就賠掉了去年的努力結果呢！當然投資需要每把都贏其實也不是難事，最難的是控制不了人性，明知道價格會漲到 50% 好了，但只有漲到 20% 時你內心就開始產生急躁，所以你先提早出局了，導致後面的一大段你都沒賺到，當價格下跌了，其實就是百貨周年慶搶便宜時刻，但此時的新手又覺得恐慌了，害怕跌得更深，於是虧錢把手上的投資商品給賣了！這就行成小賺大賠的格局，小漲就高興賣出，下跌後不甘心繼續凹單，明知道是盤面整理，但就是害怕失去更多，於是割肉出場，投資前先學會保住本金才是關鍵。

零和遊戲

投機交易就像是在賭常場裡的牌桌上，桌上的總和是參與者投入的累計，也就是說有人賺一定有人賠，賺的人拿走賠的人錢，這一正減掉一反剛好等於零，盤桌上並不會自動生息，所以並不會出現每個人都賺到錢，所以稱之為零和遊戲，期貨也是如此，當看多的人賺錢，做空的人幣然賠錢，方向只有上漲或下跌，以 2020 年到 2021 年間台股加權指數 8,800 漲到 16,000 點為例，假設你做多當然是順勢賺到錢，那放空的人就是一路賠，尤其是資金盤最為代表，雖然資金的流動促進繁榮的一面，但想想看，開局的莊家賺什麼？難道他們是慈善機構嗎？當然不是！他們是營利機構，做好養套殺圈套，剛進來的賺的利潤其實是自己的本錢，在最後面進來的都是支付給前面的獎金，資金盤只有資金的流動並不會產生價值可言，所以才有後金補前金說法，最終後面加入的人速度變慢導致獎金發放不出來而瓦解。

那資金盤適不適合投機呢？筆者認為除非是閒錢，否則不建議參與，因為投機的獲利時間點非常短促，可能在你還沒回本前就已經收場，小錢小玩當成買機會是可以的，但往往筆者看見身旁的朋友總受不了人性的貪婪，看似好賺的大好機會下，就連生活費都有問題還去搬錢貸款來投入，最後落得錢沒賺到還背下一屁股債要還，不投沒事投了到成全了莊家。

只賺不賠的究極攻略

投資也能像投機那樣的玩法唷！這策略跟上一單玩得更單有很像的共同處，在於基礎相同上再衍生更好的進階策略，投資不要越凹單及過度交易，有些人總以為這次下 100 賺 200，那下次就加碼到下 500 賺 1,000 概念，導致前幾局是賺的，但後卻把賺的全部賠掉！再來就是遇到虧損時不設停，總以為再買可以攤平你原始購買的成本，結果一路往下跌，攤平越攤越平最後甘脆躺平！還有過度交易可能導致沒賺到錢的真兇，因為每次交易都需要手續費，假設手續費 1% 為例，如果你沒賺超過 1% 就出場其實是沒賺反虧的，何況頻繁的交易更容易讓你產生疲憊感，原本好的氣場變弱化導致判斷失誤或延遲出場，原本賺的瞬間變成負的。

所以在交易中請不要因為時運好就加大倉位，每次的投入資金都必須一樣，以賭為例，賭博要賺錢不是靠隨機的感性，而是賺勝率，假設這次的下住勝率是 30%，有 70% 是輸的請不要下注！賭場賭神是能夠算出將這 30% 勝率拉到 70%，反觀賭場是 30% 勝率，這樣你的勝算就大於賭場，但雖然勝率拉高到了 70%，依舊有 30% 是賠錢的，這沒錯！這 30% 是來至於賭運，投資也是如此！有 30% 會來至於市場的黑天鵝，可能一次就賠很多，運用好策略：10 次下手皆為相同 100 為例，下 10 次賺 7 次賠 3 次，所以是賺 700，不凹單所以連續賠 3 次後就下課休息，這樣的策略是最穩的，投資市場就像賭場的牌桌般，有 30% 還是來至於市場不確定性，但只要順勢做方向，將有 70% 的勝率，那你就會是贏家。

2、課程 / 產品介紹（優點和幫助）

最好的投資，莫過於下好離手去睡覺，然後等著領錢

市場上充滿著投機味道其實也不見得是一件不好的的事，當市場如果太過於保守，反而會對這市場變得死氣沉沉，因為價格根本不太會變動，頂多就只有在 2% 內震盪，這樣久了久之反而變得平淡無趣，為何全球富豪排行榜 10 個有 8 個幾乎都會是美國人呢？因為美國人敢創新，敢想像，敢試著去冒險，有無想過為何 500 年前的西方國家會如此之發達呢？因為航海時代大家都喜歡冒險，當探索到了一塊新大陸，這新的大陸上所有的資源都是給那些先到達的領航探險家們拿走，投機就是冒險精神，就像每期的樂透彩卷只要連續槓龜 20 次以上，一定就會有一窩蜂的人拼面的想去拼一個機會，此時你將會發現每間

彩卷行前的人總是大排長龍，有冒險有投機能夠帶動這市場的經濟熱絡繁景，反觀太保守不願冒險則會乏人問津！

尤其當我們看到市場上又出現了新的資金盤時，每個月都獲利 20% 以上或宣傳有很大的增值空間時，為什麼明知道那可能存在極大的風險大家又會說服自己的大腦，值得一拼呢？那些傳統的基金雖然很穩，一年可能只有 5% 左右的收益，反而穩得投資卻沒人願意投資？這就是人性！但冒險需要的是用自己的閒暇資金做投資，並不鼓勵拿自己的生活費都下注唷！其實穩穩的投資也是有，但利潤都太低了，一般都是讓人無感到跟本不想去投資，而且自己也不敢亂投資，很多長輩都告訴小孩不要亂投資，因為自己不懂所以賠上了很多錢，有些人更因為貪心，所以去貸款來做投資，結果全部賠掉還要面臨著貸款還錢的壓力，實在不應該呀！但有沒有想過呢？跟的大師投資也能賺到錢如何呢？大師在看盤時，你也在看盤，但你看的盤是今晚美食要吃什麼的盤，當大師們關注一些投資列表時，你也在關注列表，但你關注的是電影或影片的列表，當大師們整天研究如何投資賺大錢時，你也在研究如何把遊戲裡的角色變成數一數二的大師，但你們的賺錢收益卻是一樣多。

最好的投資就是借力，股神會投資，當他投資什麼時我們就自動的跟他一起投資不就獲得一樣的報酬了嗎？投資之神賺一單賺 20%，我也跟他投資一樣的，所以我也賺 20%！這樣的投資還滿意嗎？當大師們下單的那一刻系統就會自動抓單的把你的資金投入到這位大師一樣的項目上，當大師獲利退場後你也跟著獲利了結，這樣的模式我們稱為跟單，筆者為全球投資顧問的執行長，相對的也是專門在做這件跟單的事的，大約平均月報酬會座落在你投入的本金 30% 左右，30% 是什麼樣的概念呢？也就是投入一萬塊就好，好的投資不用金額，小資族就能夠參與的投資，每個月增加 3 千塊如何？每個月替自己加薪 3 千塊，有些人可能會覺得這金額實在太小，3 千塊根本不夠花，那投入 10 萬塊如何？我想 1 萬塊是學生投入的等級，所以每個月多出 3 千塊的零用錢也是剛好夠花，但上班族的社會人本身已經有穩定的收入了，投入 10 萬應該不成問題，那 10 萬的 30% 也就是每個月能替自己創造 3 萬塊的收入嘍！是不是一件很棒的事？

組合降風險

當然我們都說這是一套策略了，所以是經過謹慎評估後所做的組合，跟單不可能只跟一位大師的單，這就像我們只投資一個單一市場或是只投資一間店面，這樣的投資風險是極為大的，當然在大師表現好時你可以賺很多錢，但當大師表現差時，你可能也是跟的賠得很慘，所以一般我們會篩選出 5 個以上的優質交易員來做跟單動作，因為每個人都會有運勢問題，當運勢不好時，其實不管做什麼事就是都不順，別看那些業務高手們一年到頭都在過年，其實當他們運勢較不好時其實也是都有業績掛蛋之時的，投資跟單組合就是如此，我們考慮的風險也會將他納入進去，跟單越多交易員，那我們的風險就相對的降低許多，而且我們挑選出來的都是優質化的交易員，過往勝率幾乎是在 8 成左右，也就是下單 10 次裡都有 8 次是贏錢的，就算這次某位交易員連輸 6 次好了，我們慎選的其他交易員不可能也都跟他一樣一起賠上 6 次吧？所以有某位交易員失策時就由其他的交易員賺錢來填補。

球場上的總教練

有了一套投資組合後，最關切的還是需要有優資的交易員才是基礎，交易員就像我們旗下的籃球手或棒球手，每個交易員必須長期的表現良好，因為我們不是再跟這些交易員談戀愛，每個交易員必須懂得投資會看方向外還需要做好停損動作，而不是再那跟它硬凹，再好的技術線也敵不過趨勢，如果是在跟趨勢做反方向的交易員是不會被我們納入跟單交易名單的，且正式在場上的交易員外我們還有很多準備上場的板凳球員，一旦有場上球員表現失常，我們將會把他給換掉換新交易員上場，或許有些人會說這樣會不會很殘酷？該名交易員之前一直表現很棒，只是這幾次的交易下來失常賠了錢而已，我該跟投資者們說清楚的事的，我們就是整場球隊的總教練，不管哪位交易員曾經拿下 18 連勝或 20 連勝也好，一旦表現不如預期！在大方向的條件下，就是放 3A，等他恢復正常了我們還是會考慮把他請回大聯盟的。

各交易員的打擊率及防禦率

　　一個完整的幕後篩選跟單投資團隊是必須出報告的，這是給投資們的一個交待，哪個交易員每個月的投資績效，以及曾經在哪個月份裡表現差還賠過多少錢都必須做出一份精準分析，籃球場上三分投 10 中 8，助攻幾次？籃板幾次？場上共得分幾分？這些都是需要做同類分析的，當然分析完後依然被我們列入在組合跟單名單裡的幾乎就不會賠上錢了，這些交易員有時能創造 50% 以上的收益，所以有人會說 30% 很多嗎？其實算少的，因為賺的減掉賠的算 30% 是比較保守的，是以平均 12 個月為計算的，筆者曾經一個月光跟單就賺上 100% 以上也是有的唷！當然這些正式交易員是比較穩定的，所以跟單的金額都可以設定到系統可以跟單的限額最大化，然後再挑上一些投報率高，相對風險可能較高的交易員編入組合內，每個交易員的性質都不一樣，就像籃球場上有些球員善於搶籃板，有些善於外線助攻三分，每個交易各有優缺，一般比較敢衝的交易員當然賺的會比較快，但賠起來也會很有感唷，我們在配置上就是把這些高風險的交易員設跟單金額小一點，用 8 成穩拿的獲利再配上 8 成高投報的組合。

新手建議 6,000 元起步跟單

　　說到這裡是不是大家也都想參與這不錯的跟單投資了呢？掃描 QR code 就能夠參與這樣的投資嘍，這是數字貨幣的投資合約交易平台，為何選數字貨幣來推薦給讀者們呢？因為數字貨幣是位來的趨勢，我們反觀股市、外匯、房地產及黃金好了，哪一個能像數字貨幣那樣的暴漲呢？一天股市的漲停也才 20%，那數字貨幣漲跌無限制，一天有時來個 50% 都是家常便飯的事，何況它是 24 小時都在交易，比起一般的股市交易更要來得隨心所欲呢！有些新手投資人會以為投資可能需要龐大的資金？一般股市可能要準備個上萬塊才能夠買到股票做投資，但數字貨幣其時幾千塊就能夠做投資了，筆者建議新手大約 6,000 塊台幣就可以跟單投資，說到這就是差在這跟單的名單啦，大多交易平台都會有合約交易，那也是要自己下單操作，如果不會下單往往就是自己賠上錢了，所以要有跟單的名單很重要！筆者這邊的價值就是一般外面比較沒有的資源，也就是名單以及我們是有幕後的分析團隊，如果你也想投入數字貨幣的資產但卻沒有好的老師可以跟隨，歡迎加我的 Line@ 好友，當你開始使用後覺得不太會操作還是想要跟單的名單都歡迎來跟我詢問唷！不用懷疑這一切都是免費的，這也是給我的讀者們一大的優惠呢！

　　那為何月獲利是大約賺 30% 呢？不能更高嗎？之前我們

的幕後分析團隊有測試過將報酬率拉到一個月獲利50%甚至80%，也就是說投入10萬一個月能賺上8萬塊，但這風險其實還算滿高的，尤其當交易員運勢比較差或看錯方向時容易讓你賠上許多錢，當然我們的投資策略是該交易員如果讓你賠到200美金以上就會被判出局了，我們所慎選的交易員也不該一直跟換，所以最終決定將穩定的編在組合列表裡，再試著將暴賺的交易員適當的編入，跟單多少金額？該設多少停損？為何設定60%不是80%？一般看錯方向後跌破60%就會一路往下探到80%或100%，與其把錢都賠掉不如設60%就停損，把錢留一點在身邊，能夠穩穩的月獲利30%不是沒有原因的，天下也絕對沒有白吃的午餐，能夠穩定獲利是因為我們有專業的幕後分析團隊，每個交易員們只會留好的在這場上，各個都是戰戰兢兢替投資者們賺錢，相信我們的努力將讓跟隨著一直不斷創造獲利，目前還沒有沒賺到錢的學員記錄唷。

最好的投資莫過於下好離手去睡覺，打電動，或忙你該忙的，等著領錢就好了，當你一覺醒來發現帳戶裡的錢變多了，因為這是24小時的跟單系統，交易員也有可能是夜貓子，當你在睡覺時他下單了，然後在你醒來之前獲利出場了，有沒有發現你睡醒後早餐有著落了，今天的生活費不是問題了呢？當然大多的交易員早上也是會下單的，所以你就是老闆，跟單交易就像你聘請了多位交易員員工在替你賺錢一樣，這才是享受投資最大的滋味。

　　那麼，生活中想找樂子自己下單可不可以？當然是可以小玩一下的，而且跟著羅德老師的操作模式可以將勝率拉到 9 成以上呢！最重要的就是投資必須學會看技術線，雖然技術線不是靈丹妙藥，但看不懂技術分析線就投資就有如矇著眼睛在戰場上打仗一樣，技術線還是有它一定的參考價值，否則至今不會有那麼多的大師依然在使用它，技術線就像慣性一般，它能夠反應出曾經發生過的事，然後一直無限的輪迴下去，當我們知道這種慣性後，就好比我們能確定明天的太陽依然從東邊升起一般，所以在下單時就更加的有自信有底氣了，以下是我自行研發的技術線活用招式 - 翔龍九式，學會這幾招後便可以讓你在交易市場上看盤下單更加運用自如：

300% 中的翔龍九式運用

第一式 - 亢龍有悔

　　這一式就是出手也要懂得後悔，也就是每一次的下單都必須設出止損點，不硬跟它凹下去，假設你能夠承受的風險為50%，那就代表你訊號看錯或被市場捉弄，記得留住你的財產，等到最好的時機點再次下單才是上策。

第二式 - 飛龍在天

　　此行情為向上格局，只要在短線之上的價格下單都是賺的，建議新手就是該順勢而為，順風做單會讓你都能夠飛起來，跟著行情波動是最好做最好獲利的，反觀如果你是想下空單棋也是順勢作下都是賺的。

第三式 - 潛龍勿用

當行情產生劇烈震盪後或平盤整理時，局勢上是還看不出明朗之際，建議大家先空手勿急躁下單，因為此時你的下單都可能有 50% 是錯誤的，等到行情明確後再下單會比較穩當些。

第四式 - 神龍擺尾

這是一招期貨現貨一起經營的策略招式，買好現貨，以備好口糧等待長期看漲後賣出，也不用擔心下跌後有即期交割之風險，當價格下跌後我們可以開空單來賺取獲利，一般合約交易可以開至 10 倍或 20 倍來實現套利，此時你不用去理會現貨，當行情上漲時，你在選擇賣出現貨，不管怎麼玩你都是賺錢的。

第五式 - 猛龍過江

這一招為強勢的 300% 獲利之道，大家都想一單賺上 10%~50%，但這大波動在股市上是很難實現的，數字貨幣市場一天的漲幅無限制，再加上可以開倍率的合約交易，您覺得漲 3% 跟漲 10% 哪個比較容易達標呢？我想 3% 的風險相對於 10% 來的安全且快速達標吧？3% 可能幾分內達陣，10% 可能來到 5% 後回跌，比起 3% 的困難度是好幾倍，如果我們每一開單只賺 3%

然後開 100 倍的槓桿，是不是一單就是 300% 呢？一單 300% 唷！不是一年或一個月 300%，僅需要幾分鐘內就能夠達標，當然這是需要作足功課的，可別輕易亂下單又不設停損，因為漲 300% 的背後是相對跌 300% 的，所以用此招需謹慎。

接下來的第六式為見龍在田，這招是指訊號剛要反轉之際可能開始起漲，此時是可以進行布局動作買在起漲點，當然也可以在下跌趨勢中設下埋伏做買進動作，當行情下跌觸及到你當初設定好的買進計畫時，系統將會自動買入，然後等行情上漲到你設定的止盈點會自動賣出，這一單中可能會產生在幾 30 分種內就完成 1 單 50% 左右的獲利單唷！至於其他的第七式 - 畫龍點睛及第八式的 - 虎嘯龍吟還有第九式的 - 九龍磐天等等，都是屬於比較進階的招式，並無法在書中就能解說到清楚的完整奧義，後三招都是需要學會前面所有應用招式且活用到能節節貫穿才能衍生出來的進階招式，最終你將能實現虎嘯龍吟的巨大獲利所帶來的自信爽感，之後的我們也會在幣神教室專門開出投資兩日完整班來教導大家最簡易就能學會的投資方式，讓你真正達到九龍磐天效果，九龍磐天顧名思義就是有如九條龍盤在天的九大收入系統，不管你怎麼樣設單都會有源源不絕的收益，落實讓你從股市到匯市再到房市，幣市等等都是有不錯的進帳收益，真正達到羅德老師的創富精隨，更多的進階實體課程我們手把手台北教室教學見唷。

3、對我的影響和學習

　　我與羅德老師是在 2020 年底的一場訓練課程中認識的，我們是同組的同學，在一起經歷了二個整天的課程中，彼此的團隊合作，締結了同學的情誼。並且在休息聊天時，發現彼此都正在編寫新的理財書籍，原來是同路人，所以開心的彼此聊聊後，我才發現原來羅德雖然比我年輕很多，但因他從大學時期就開始學習理財投資，所以嚴格說來，他的理財投資經歷比我還久，而且他的書早在 2020 年初就已發行，一樣寫書，他在編寫的是第二本書。能夠認識羅德是很開心的，因為他不只寫書，也已經開了好幾次課程了，所以我們不但在理財的經驗和工具上有所交流，也一起開始計劃未來在課程及理財上的合作~

　　在 2021 年初，我們就開始了一起的理財課程講座及一整天的正式課程，學生們的回饋非常的好，學員們都反應自己有了很大的收獲。

　　自己評估羅德成功的要素有三：

一、堅實的理財投資基礎：從學生時代就鍛練至今的理財投資能力

二、完善的學生課後輔導：上課結束仍在 line 群裡耐心的回答學生的問題

三、完整的師資團隊教學：課程會依學員需要找到更多專業的老師一同來分享及教育

　　綜合上面三個成功要素，我們仍在競競業業的尋求更多的進步空間，以提供給學員們更好的學習和服務，彼此共勉之～

　　下面是分享羅德老師的著作閱讀心得，鼓勵大家也可以買來看，增進自已的財商知識喔～

書名：完賺投資金律
作者：羅德 Freedom，Lo

　　選擇原因：
　　如何了解在金融市場裡諸多的投資項目，如何避險及找到真正長久投資獲利的方法

　　（4）個本書重點：

1. 第一章 與神同行，聽了格外諷刺
　　錢滾錢、利滾利、保證獲利、資金盤的各種套路，一切都在騙、
　　後金補前金、精疲力竭，神話變笑話

2. 第二章 零和遊戲，比特幣終將走向滅亡？

投機的好去處、激情過後剩下什麼？、市場波動，新型態貨幣取而代之、又是個魚目混珠的騙

3. 第三章 追求穩定報酬，創造被動性收入

尋找每年 7％的配息商品、存股養息，先求穩再求飆、先投資還是先買保險呢？養成理財習慣，積沙成塔

4. 第四章 完賺投資祕笈，夢想啟程

一夜致富純屬空想、外匯掏金術的掏金攻略、最壞的時代，抑是最好的時代、通往財富自由的關鍵、追求卓越之路

■ **本書心得** ■ ■ ■

　　時間來到 2020 年底，準備迎向 2021 年，邊讀作者的這本書，心中盡是五味雜陳的思維聖經裡囑咐我們 ~" 靈巧像蛇，純真像鴿子 " 因為這個世界，有著太多我們所不知曉的騙局

　　透過作者的經驗分享，讓我更了解原來有這麼多的金融騙局當然，部分的 " 局 "，我也曾經 經歷過 ~ 但作者對於這些局的解析，對於金融小白會是非常非常大的助益因為失敗雖然是成功的媽媽，但失敗有時候威力很大

我們必須付出更多的時間成本去挽回

在投資的這塊荊棘之路我與作者的觀點非常相近，要先想著不能輸，再來考慮贏的機率過去 13 年的投資經驗讓我學到 價值投資，資產配置的重要性！

而作者同樣具有長遠投資的宏觀思維在最後一章教導我們如何透過合適的資產配置，建立長期被動收入的穩定策略

學無止盡

你所賺的每一分錢，都是你對這個世界認知的變現，你所虧的每一分錢，都是因為對這個世界認知有缺陷。你永遠賺不到超出你認知範圍之外的錢，除非你靠運氣，但是靠運氣賺到的錢，最後往往又會靠實力虧掉，這是一種必然。這個社會最大的公平就在於：當一個人的財富大於自己認知的時候，這個社會有 100 方法收割你，直到讓你的認知和財富相匹配為止。

所以需要加強我們對 財商的認知，邁向財務自由的偉大航道～

致敬我的伙伴，羅德老師～

4、重點摘錄

300% 中的翔龍九式運用

第一式 - 亢龍有悔

第二式 - 飛龍在天

第三式 - 潛龍勿用

第四式 - 神龍擺尾

第五式 - 猛龍過江

第六式為 見龍在田

第七式 - 畫龍點睛

第八式 虎嘯龍吟

第九式的 - 九龍磐天

完賺投資金律

四個本書重點：

第一章 與神同行，聽了格外諷刺

第二章 零和遊戲，比特幣終將走向滅亡？

第三章 追求穩定報酬，創造被動性收入

第四章 完賺投資祕笈，夢想啟程

實務操作篇

拾之型 ●●●● ●
馬上行動！建構及執行自己的財富自由計劃！（先附上SOP流程圖，順序清楚）

☑ 1、檢視資產架構，釐清所缺拼圖

☑ 2、積極上課學習，建立投資藍圖

☑ 3、執行資產配置，保持學習心態

☑ 4、設定目標及寫一封信給未來的自己

☑ 5、來吧～一起飛翔～！

☑ 6、Bouns好康分享！理財工具分享～

1、檢視資產架構，釐清所缺拼圖

看完了上面九個章節各個老師的背景、課程及工具分享，我們來到本書的最後一個篇章，學習了這麼多，讓我們一起來建構我們的投資藍圖～

第一步是要先了解自已的資產架構，釐清那個地方需要補強

我拿自已當例子吧～

至今年已有 23 年的工作經驗，有存了一些現金，但我的投資只有股票及基金二種，除此之外，就沒有其它任何特別的。

但你可能會想問，那這樣的資產狀況有什麼不好呢？一般人不是都如此嗎？

是的，乍看下好像沒什麼不好，在過去的 9 年期間，我的股票投資在每年都有穩定的收入，甚至在 2019 年單年的股票收益還趨近於我的年薪收入，也就在這個時候我也擬定了 10 年退休計劃，只要我在要來的 10 年，每年的投資收益與 2019 年相同，那我可以達到初步退休的門檻～

沒想到好景不常，但在 2020 年 2~3 月因為 Covid-19 的衝擊，美國股市在 3 月份崩跌且多次熔斷，我當初沒有投資美股，但我所投資的台股也連續 3 天的跌停版！讓我在一週以內，就把 2019 年所有的獲利全部回吐！等於我的資產退回到 2018 年底 2019 年初的水準～

原來 9 年累積的投資經驗，也無法抵擋突然而來的股災，而且我所投資的股票是穩健獲利的優質股，在黑天鵝來襲時，

也是一樣不堪一擊，所以我不該再只拘泥於目前的投資工具，我缺少其它穩健增值的投資工具，或許看到這裡，可能會有讀者覺得台股也有很多穩健的定存股，為什麼我不學習投資？其實我有的，但我希望找到的是就算台股跌了，我在其它的理財投資仍然可以穩定獲利的方法～

那時的我，發現自已所缺少的，就是除了股票／基金以外，同步可以避險和獲利的理財方法～

請問你的資產架構為何？

有幾種資產？

那些資產是生產性資產？（隨著時間可以一直帶進收入）

那些是固定資產？

目前的資產是否足夠？

有沒有法子在 10~20 年內達到財富自由？

如果可以，那恭喜你已找到你自已的財富自由之路～

如果不行，那讓我們一起往下看，往前去找到實現的方法～

我原來的資產架構～

台股	基金	現金
50%	3%	47%

2、積極上課學習，建立投資藍圖

　　因為我不曉得方法，身旁的人大多也都是投資股市和基金，所以，我決定去上課學習，那要到那兒去上課，找那位老師呢？

　　我決定透過 FB 和 Youtube 來找上課資訊，也透過我讀過的書來尋找，在這過程之中，我去上了十幾二十場的免費財商相關的說明會，每個老師都說自己很厲害，有專門作 當沖的，期貨的，台股的，美股的…種類非常多，我也去上了蠻多課程，但真的讓我覺得對我來說有非常有助益的，就是上面這七篇所介紹的每一位老師～

　　我向這些老師學習到的有

從 狄驤老師　　學習到：現金流管理～ 存款（投資本金不斷增加）

從 Spark 老師　　學習到：建立富人思維～最大化時間價值

　　有效的投資策略～自動理財法

從 好葉老師　　學習到：價值投資的方法～投資策略及獲利方法

從 林俊洲老師　學習到：股權投資計劃～資本家的股權獲利法

從 Thomas 老師 學習到：AI 投資機器人 iRobot～ 人工智能 & 大數據 & 自動投資

從 洪福老師　　學習到：P2P 金融～互利金融，貸款平台

從 吳宥忠老師 & 羅德老師　　學習到：區塊鏈 know how 及虛擬幣交易平台～加密貨幣，高獲利率

綜合以上老師，我整合出的投資藍圖心法為

一、建立穩定的正現金流，每月有穩定的存款成為投資的本錢

二、建立有效的投資策略，長期有穩定的獲利

三、建立確切的價值投資，讓投入的標的都是成長性為主的收益項目

四、建立 AI 投資機器人，提前經歷由 AI 人工智慧所操盤的未來投資方式

五、建立 P2P 金融科技，用金融科技來獲取和銀行相同的獲利方式

六、建立虛擬幣投資，了解區塊鏈，投資加密貨幣及其應用的高獲利未來

請你也可以詢問自己，對於自己的理財投資，是否也已勾勒出清楚的藍圖呢？

3、執行資產配置，保持學習心態

人間四月天劇中的一幕：

梁思成：有一句話，我只問這一次，以後都不會再問，為什麼是我？

林徽因：答案很長，我準備用一生的時間來回答，你準備要聽了嗎？

你是一樹一樹的花開，是燕在梁間呢喃。你是愛，是暖，是希望，你是人間的四月天。

我情願化成一片落葉，讓風吹雨打到處飄零；或流雲一朵，在澄藍天，和大地再沒有些牽連。——林徽因

第一次看到這一幕心裡是非常感動的，如果我們能一生好好愛一個人，那有多好～

那在理財的事上，我們能不能找到一個一樣一生受用的理財之道嗎？

很開心！我找到了！！～也希望有機會分享給你們

有了以上的學習，我的資產配置方式 & 順序如下

一、每月有固定的存款增加，扣除掉每月支出及生活急用金，多出來的為可再投資的本錢

二、建立平衡的投資策略，確認投資標的類型的不同及低關係性

三、分散投資的理財項目，以儘量分散的概念來投入不同標的

四、完成超過 12 個以上的理財項目配置，並每週 / 每月確認投資效益

五、除了傳統理財項目，也積極學習及嘗試新的金融科技理財
　　項目

六、投資新的金融科技理財項目，並且學習相關知識

我的資產配置表

美股	美股ETF	特別股	債卷	Reits	歐元活存	英鎊活存	台股定存	不動產債權	AI投資	虛擬幣	股權投資	現金
6%	4%	5%	10%	4%	2%	2%	5%	17%	5%	20%	15%	5%

4、設定目標及寫一封信給未來的自已

完成了資產配置，再來就是 每週 / 每月確認投資效益

上面的設定每年目標平均的獲利率約為 6~200% 不等

下面是截至截稿為止的獲利率（部分項目每天仍在變動中）

我的資產配置獲利表

美股	美股 ETF	特別股	債卷	Reits	歐元活存
30~40%	8~12%	6~8%	6~8%	6~8%	8%

英鎊活存	台股定存	不動產債權	AI 投資	虛擬幣	股權投資
8%	5~6%	8~9%	10~12%	50~200%	10~20%

目前的目標設定是希望在 10 年後，這些增值性資產的每年利息超過我的年收入，而達到財富自由

我也在今年寫了一封信給 10 年後的自已，已經設定好了 10 年後財富自由時，給家人無虞的未來生活外，我也要去完成我很多想作的事，學習更多，及幫助更多的人

所以我衷心盼望正在讀本書的你們，也能去上完我所分享每位老師的課程並學會資產配置及寫封信給未來的自已，開始財富自由的路

5、來吧～一起飛翔～！

I have a dream，我有一個夢想～

這要從一個海星的故事說起…

海星的故事與我的故事～

從前有一個海灘很美，但在退潮時，一整片沙灘都是海星，剛

好有一天陽光很烈，

海星正漸漸被晒乾死亡⋯

這時有一個小男孩，一個一個拾起海星放回大海～

旁邊的遊客笑道：「整片沙灘的海星，你能救多少呢？」

男孩說：「對我手中的這個海星，就有意義」。

I have a dream，我有一個夢想，和這個男孩一樣，希望幫助更多的人

所以我在 10 年前認養了一個非洲的女兒，

未來我的夢想就是在她的國家蓋造一所小學，造福更多的孩子

但我只是個上班族，只靠工作的薪水，何時才能財富自由呢？

才有能力去幫助更多的孩子呢？

感謝主，經過了一年，我現在學會了很多老師的理財之道，

也準備出書把這 20 萬學費所學到的精華分享給更多人。

這也是這一本書被寫出的初衷！

我還是那個男孩，希望幫助更多的孩子～

我需要你們的力量，一起拯救更多的海星（孩子），影響更多的生命

希望你可以把這本書分享給你們的親朋好友

讓我們一起 開始邁向財富自由的同時，也把愛傳出去！

每一本書 我會捐 5 元版稅作為創校基金

■ 學無止境 ■ ■ ■

　　我不會以現有的財商知識為滿足，我仍會努力的去學習及了解更新的理財工具及金融科技的未來發展，和我的朋友們一起成長！

　　我在這裡邀請您成為我的好友，

　　（我的 line ID fonechen，也可以掃下面的二維碼加我喔）

　　除了我能不定時提供最新的理財學習心得 & 經驗給大家，未來我已計劃開設一系列的金融科技理財講座 & 課程，希望有更多的朋友一起來學習和成長～

在書的最後，我衷心感謝 主耶穌和 我的家人親友、老師、同事、伙伴、同學以及在書前面的您，謝謝你們的支持，讓這本書得以問市～

我相信，這是我們夢想的開始～
未來的日子，我們　一起飛翔

本書的最後還有我的伙伴及好友的分享～
「一個人走比較快，一群人走比較遠。」

"If you can't fly，run. If you can't run，walk. If you don't walk，crawl，but all means，keep moving." ～ Martin Luther King Jr.（馬丁路德．金恩）

如果你不會飛，那就跑，如果不會跑，就用走的，不能走，就用爬的。無論如何，你得不斷前進。

6、Bouns 好康分享！理財工具分享～

目前我使用及實際投入的理財工具大約十二個左右，會不定時的依績效表現作些微的調整其中在虛擬幣理財投資的部分，有經驗的大約十個平台左右，但常用的約 3~4 個平台，這本書中先分享其中二個平台使用經驗給大家：

(1) etoro

▲（圖片引用來源於 eToro 網站，所有圖片版權歸屬原網站 / 作者）

eToro 是世界級的頂尖社群交易平台，提供多種資本市場投資工具。您可運用加密貨幣、股票、大宗商品、ETF 等各種工具形成自己的投資組合。

▲（圖片引用來源於 eToro 網站，所有圖片版權歸屬原網站 / 作者）

多元資產平台

eToro 平台為交易者和投資者提供 2,000 多種金融資產－包括股票、加密貨幣、ETF、指數、貨幣和大宗商品。投資這些商品時可選擇是否採用槓桿，幾乎任何人都能享有短期、中期和長期投資選擇。如欲了解詳細資訊，請參閱我們的交易市場頁面。

低廉的手續費及佣金

當您在 eToro 建立股票或 ETF 買入非槓桿倉位時，您可享有 0% 佣金。無利差、無手續費，也無隱藏費用。實際上您享受的標的資產權利更多。針對其他資產類別，eToro 提供低利差，包括主要外匯交易組合的最低利差只要 1 點。在此處深入閱讀。

免費保險高達 100 萬歐元／英鎊／澳幣

為保障客戶利益，eToro 已向 Lloyd's of London 購買保險。萬一因 eToro 不幸破產或出現不當行為（如相關政策所定義）致使符合條件的客戶（包括 eToro（Europe）Ltd.、eToro（UK）Ltd. 和 eToro AUS Capital Pty Ltd. 之客戶）可能蒙受損失，本保險可理賠該名客戶。

本保險理賠（i）高達 100 萬歐元、英鎊或澳幣（視受監管實體而定）、（ii）最高達 eToro 購買之總限額；（iii）視超出金額而定（依相關政策而定）。

這項保險承保現金、所有差價合約倉位和證券。請注意，依照相關政策規定，加密貨幣資產交易（非差價合約）不包含在本保險政策之中。

社群交易

加入 140 個國家／地區逾一千萬名社群用戶的行列

eToro 是全球最大的交易者和投資者社群，擁有超過 1,000 萬名交易者和投資者。eToro 薈集眾多專業及資深投資者，其中許多投資者的追蹤記錄更是打敗大盤基準。

與他人交流

eToro 新聞動態和社群網路一樣，讓交易者和投資者能充分互動、分享想法、見解和交易策略，甚至還能結交新朋友。

透過群眾情緒進行交易

透過 eToro Top Trader CopyPortfolios，加入對話或投資人本制投資組合。

■ 跟著專家投資 ■ ■ ■

預設型投資組合

eToro 投資組合 （CopyPortfolios） 集結了許多資產或人員，透過預設主題或策略結合在一起。eToro 提供鎖定創新市場（例

如 5G、雲端等）的主題式 CopyPortfolios，，有些 CopyPortfolios
運用高階演算法、機器學習和人工智慧以發揮眾智效益。在此
處探索我們的投資組合。

CopyTrader

在 eToro，用戶可使用 CopyTrader ™功能跟單才華橫溢、資深
和專業投資人交

易。每位使用者的績效均一覽無遺，包括風險係數、失敗
率／成功率等。部分頂

尖 eToro 交易者報酬率持續穩定，多次打敗基準指數。

保護您的資金和個人資訊

您的資金妥善存放於獨立帳戶

客戶存入的每一分錢都單獨存放在獨立帳戶中。這表示即
使 eToro 破產，您的資金仍是安全的。

網路安全標準

eToro 採用最高標準保護客戶資金和個人資訊。除有法律規
定者外，我們絕不分享您的資訊。

多元監管平台

eToro 遵守數家主管機關的嚴格規定，包括金融市場行為監
管局、（英國）、證券和投資委員會（澳洲）、塞普勒斯證券

交易委員會（塞普勒斯）、 直布羅陀金融服務委員會（直布羅陀）、金融業監管局及金融犯罪執法網路（美國）。

10 萬美元免費模擬帳戶

透過價值 10 萬美元的免費實操帳戶，探索簡單好用的 eToro 平台。開立和關閉交易，建立虛擬投資組合並提升您的交易和投資技巧。

我是在去年 9 月下旬上課學習後，開始投入在 eToro 的投資，初期時我不懂裡面包含了什麼樣的標的，也不知怎麼開始，所以一開始都是跟老師的單，eToro 的跟單非常簡單只要點選老師的名子，選擇"複製"，再輸入"投入的金額"，就可以完全跟著老師的投資連動，且不需要付出任何跟單的費用，真的非常方便好用！

在經過半年後的現在，由於 eToro 可以買到很多國家的股票，連 ETF，虛擬貨幣也可以買，所以我開始學習把覺得最大最知名的好公司及前十名的虛擬貨幣，還有我認為是抓住未來趨勢的好公司，都慢慢的加到我自已的投資組合裡，所以從去年跟著老師的單到目前自已投入的總獲利蠻好的，去年累積 4 個月為 +16.2%，今年截至 4 月的投報率是 51.41%

如果對於這個理財投資工具有興趣，可以掃描下面的 QR CODE

在加入 eToro 後，如果對我的投資組合有興趣，也可以搜索我的名子" ChenShihYuan "，並把我加入您的追蹤名單，並可以考慮跟單喔~

https://etoro.tw/3aleLbA

▲（圖片引用來源於 eToro 網站，所有圖片版權歸屬原網站 / 作者）

(2) Pionex 派網 **Pionex**

Pionex 派網是什麼？

派網 Pionex 是一家總部設於新加坡，創新主打量化交易機器人的區塊鏈交易券商，聚合知名交易所幣安和火幣的流動性，由 Bituniverse 幣優孵化並獲得了全球頂級資本高榕資本、順為資本和真格基金等 VC 投資，月交易額已高達約 50 億美元及超過 10 萬活躍用戶，並取得美國 FinCEN 頒發的 MSB（money service business）牌照。

▲（圖片引用來源於 派網網站，所有圖片版權歸屬原網站 / 作者）

Pionex 派網成功開拓美國市場，成為首家獲得美國牌照的量化交易所

2020 年 4 月 15 日，專注區塊鏈資產量化交易的 Pionex 派網交易所宣佈：獲得美國 FinCEN 頒發的 MSB（Money Services Business）牌照。此前美國本土交易所與幣安、火幣等全球化交易所已先後獲得該牌照，正式開展面向美國用戶的區塊鏈資產

交易服務。Pionex 派網憑藉獨特的產品定位，成為首家獲得美國牌照的量化交易所。

　　成立於新加坡的 Pionex 派網交易所，基於金融科技，將量化交易策略和工具植入交易所，讓加密貨幣投資者可以 0 門檻使用量化交易工具。自 2019 年 4 月派網交易所成立以來，通過差異化產品，在全球範圍內獲得了超過 10 萬用戶的認可。

　　Pionex 派網交易所由 BitUniverse 幣優孵化。作為集行情、資產管理、網格量化交易一站式 App 與社區，BitUniverse 幣優在全球市場擁有百萬級用戶，並獲得了高榕資本、順為資本和真格基金的早期投資。Pionex 派網交易所獲得美國 MSB 牌照，標誌著加速開拓全球合規市場的決心。

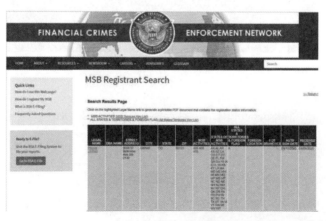

▲派網的 MSB 牌照 （（圖片引用來源於 派網網站，所有圖片版權歸屬原網站／作者）

▲（圖片引用來源於 派網網站，所有圖片版權歸屬原網站 / 作者）

▲（圖片引用來源於 派網網站，所有圖片版權歸屬原網站 / 作者）

　　相比於其他加密貨幣交易所及券商，Pionex 派網 網格交易可以讓用戶 7×24 小時不間斷全自動下單進行買賣，除了網格外共有 12 種交易機器人。

　　為什麼投資虛擬貨幣需要使用交易機器人工具輔助？

・加密貨幣不像台股有休市的時候，加密貨幣是無時無刻都可以交易的，如果要人工一直去注意價格盯盤，是沒辦法做到的。

・加密貨幣波動比較大，手動交易投資容易受情緒影響做出錯誤的交易決策。

‧加密貨幣波動大，會有很多做價差的機會。

除了以上三點外，因為交易機器人能夠 24 小時不間斷的工作，所以能夠做出更多彈性以及套利的策略。

▲（圖片引用來源於 派網網站，所有圖片版權歸屬原網站 / 作者）

網格天地單是什麼？

簡而言之，網格天地單是一種網格機器人的交易策略，網格交易可以參考下圖，設定價格的上下限，網格機器人會用部分投資額買入現貨自動在現價上方分批掛賣單、另部分投資額分批在現價下方掛上買單，並在區間內不斷低買高賣套利。

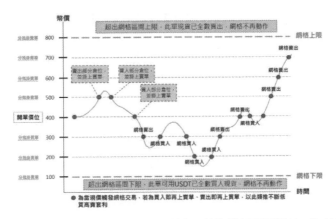

▲（圖片引用來源於 派網網站，所有圖片版權歸屬原網站／作者）

如上圖所示網格單超過上限或下限後會不再動作，直到價格回到區間內才會再套利，因此在牛市時可能會常出現超出上限賣飛的狀況

牛市期間比特幣、以太坊可能會不斷突破新高，上限難以判斷，怎樣才能不踏空的長期投資呢？就是靠網格天地單

網格天地單顧名思義就是將上下限區間設定非常大，例如上面參數建議的 1.5 萬 ~15 萬之間，這樣無論比特幣在長時間如何震盪上漲，都要很久有可能超出網格上限，這期間網格天地單就會不斷套取利潤，讓你不用判讀行情也不怕踏空。

常見問題 1：這樣有什麼好處？我直接買現貨不是賺更多？

網格天地單並不在於賺的比屯幣多，而是長期投資不踏空，讓你不因為上漲時貪婪亂加倉或是過早賣出獲利了結、也可以讓你不因為行情回調恐懼而輕易拋售止損，網格的分批買進在下跌時可以幫用戶攤低成本、上漲時分批賣出套取利潤，試問，在比特幣還是 2 萬多美金的時候，又有多少人成功一路抱著屯幣到現在呢？

常見問題 2：比特幣真的會漲到 15 萬嗎？

沒有人能準確預測未來行情，上一期的 6,000~60,000 美金區間的天地單也是賣飛了，開啟天地單是長期看好上漲的投資方式，比特幣、以太坊的價值成長可以多方參考一些分析師的分析，虛擬貨幣行情多變，有的時候，也是得靠一些信仰

常見問題 3：幣價下跌天地單虧損怎麼辦？浮動盈虧又是什麼？

如上述，虛擬貨幣行情震盪大，只要你長期看好比特幣、以太坊，短暫的下跌回調都是正常的，網格也會在下跌時分批買進，可以平常心視為補倉、攤低成本作為未來上漲時套利用即可，浮動盈虧是來自於網格單買入的現貨因幣價波動產生的

價值盈虧，總利潤＝網格套利利潤＋浮動盈虧。

如何開始使用派網網格交易？

- 下載 Pionex 派網 APP：
- 註冊後可以在如下方頁面看到不同虛擬貨幣的
- 在交易頁面選擇網格交易機器人
- 使用自己設定的參數或是參考「網格天地單」參數開啟網格 交易
- 網格交易機器人開始工作！

以上文章出處 摘自 Dave Sir 的教學文章 https://www.pionex. com/blog/how-to-use-pionex-grid-trading-bot/

我是在今年一月經朋友的介紹開始使用派網，初期先使用" 期現套利"機器人，跑了一個月發現獲利好穩定喔，每天都有 一點點的 USDT 進帳，而且是每 8 個小時結算一次資金費率， 套利的方式會覺得每天都有收入好幸福～

過了半個月也開始嘗試 網格機器人，設置了 BTC 的天地 單，藉由低買高賣的程式自動化方式，也達到了套利效果。

約莫使用了一個月之後，還是會有點擔心派網的安全性，但在特別去上了老師的課後，信心大增，決定把一部分的台股資金挪到這兒來投入及學習！

目前已經運行了四個月，派網的程式機器人特點在於能夠讓一般人和小資族都能夠透過簡單的設定就能夠有持續性的被動收入，聽起來是不是很吸引人呢～

但這裡還是要提醒，所有的投資皆有風險，我們需要多學習，先用小資金嘗試即可，之後我會與伙伴開設講座及課程，到時會有更多的程式機器人使用經驗分享給大家～

請大家可以點選下面的連結先下載 app 及加入喔～

註冊派網 Pionex 帳號：**https://www.pionex.com/zh-TW/sign/ref/59PKzS2b**

▲（圖片引用來源於 派網網站，所有圖片版權歸屬原網站 / 作者）

樂果生機飲品

　　回憶樂果老闆 Jenny，初識 Aaron 已是在十幾年前，對 Aaron 的印象是一個非常

　　認真的業務，雖然是因為工作的關係結識 Aaron，但因為感受到 Aaron 認真及充滿理想的生活態度，讓他們也成為好友，時常分享著彼此的生活及家庭樂趣，看到 Aaron

　　的理想，希望未來可成立學校幫助非洲小朋友就學，這是一個遠大令人佩服的志向，讓一樣對助人充滿著熱忱的 Jenny 印象深刻並加緊腳步在養生飲品開發上，希望以另

　　一個型式，讓需要的人得到幫助。

樂果品牌故事～

　　樂果，對我們來說，原本定義為一個對家人的愛。飲品的初心是為了體恤長期在市場奔波的爸媽，看著爸媽因年紀漸長，身體健康狀況也大不如從前，讓原本對養生就很有概念的兒子 Tony 及媳婦 Jenny，決心要好好研發來照顧父母親的健康，因此

開發了樂果養生系列飲品，並經過不斷口味改良，發現大人小孩接受度高，更開心的是父母親的健康狀況都改善了，樂果決定讓飲品商業化，走入中大量生產，讓更多人得到幫助，成分天然健康就算上了年紀的爸媽也看的懂，喝的放心，這就是「樂果」。

樂果小語錄

增加財富必須找陳詩元 Aaron 老師

提升健康一定要找樂果

財富與健康同時升級

擁有財富與健康的人生

不容再錯過了

純天然食材製作，絕無添加香料，健康美味一次擁有

食品業登錄字號：F-200176037-00000-8

訂購專線：0953-987743　歡迎訂購

臉書粉絲：樂果生機飲品

網路商店：PChome 商店街，蝦皮購物，樂天市場

中華亞太區塊鏈應用推廣協會創會會長 黃珀朱

2019 年因緣際會上區塊鏈應用規劃師認證班課程，今年複訓認識了 Aaron，他是一位又聰明、又積極、也很有實力的年輕人，希望往後有機會在鏈圈攜手一起推廣賦能實體產業鏈改。

現代科技有四大：A、B、C、D，A 是 AI 人工智能、B 是 BLOCKCHAIN 區塊鏈、C 是 CLOUD 雲端、D 是 DATA 大數據。

進入區塊鏈有三個圈：幣圈、礦圈和鏈圈。

原本從事傳統產業，與友人藝人慕鈺華共同創辦了慕鈺華三星蔥油餅品牌，還是覺得要跟著趨勢走，在 2017 年底開始進入幣圈認識加密貨幣，也進入礦圈買了以太礦機，總覺得自己是在做投機的事，跟著幣價洗三溫暖。

進入幣圈時，聽說可以在全家買比特幣，到了全家看不到機器可以買，問全家店員，店員說：他們沒有賣。就不知要去那裡買了？

後來，記得有一位上行銷課程的同學她有在搬磚，我就跟她聯絡，她說：可以來聽她的說明會。我們就去聽了她的說明會，聽說明會之後感覺她是在賣課程，就沒有再進一步了。剛好踫到 2017 年 9 月 6 日大陸打擊 ICO，比特幣下跌後，突然間又反彈漲到 2 萬美元，又趕快跟同學聯絡。哇！兩天的課程已經從一萬多漲到三萬多了，還是付了學費去上課了，上課的同學一班就有 5~60 人，還有學長姐來複訓，最後同學、學長姐和學弟妹，幾乎沒有幾個堅持留在這個圈子。

上了課之後才開始學習很多加密貨幣的一些網站、交易所如何註冊和交易。還有，怎麼樣的在不同的交易所買跟賣賺價差，這叫做搬磚。為了搬磚我註冊了全球 100 家的交易所，全都實名認證，誰知註冊完交易所，就沒有價差可以搬磚了。

也去買五台以太 7 卡礦機，就把一台搬回家，自己安裝，我要看到底怎麼挖礦，插上電、接上網路線和工程師遠端遙控來設定操作把我的第一台礦機終於架上了，我好開心喔！但是真的好吵之外，還有很耗電，最後還是把他送到礦場去，沒多久因為幣價進入熊市跌跌不休，跌到挖出來的幣也不夠付電費，因有簽約，必須要付罰款，就繳了 1 年的罰款，最後礦機也不知去向！

幣圈流行一句話：幣圈一天，人間 10 年！可見幣圈 24 小時全球全年無休的交易變化之大。

就這樣兩個月之後我感覺很虛，我看到了鏈圈，開始研究每一種幣的背面的應用，了解後，更是迷上了區塊鏈。區塊鏈可以改變我們人類，區塊鏈是製造信任的機器，靠著以太坊的智能合約 Smart contract，將人們之間的合約寫在鏈上，只要達到合約中的承諾，就會觸動合約，用科技讓人與人之間產生信任，也讓我們的投資產生價值。互聯網是傳遞信息；區塊鏈是傳遞價值。

那家公司沒有 CEO，但是可以管理全球上百萬的員工，員工自動自發爭權奪利，12 年運作正常，沒有給任何的營銷費用，通過裂變獲取 2,500 萬用戶，沒有融資，但讓公司的估值 1 兆美元。這就是比特幣，也就是只有區塊鏈才能辦的到。

我們要怎麼樣解決企業的痛點？要怎麼樣賦能實體產業？

全部都是運用以太幣的智能合約來解決，壞人做事的成本也會增加，因為區塊鏈的特性，去中心化、不可竄改、可追溯、加密和匿名性，所以已經應用到我們的生活了。我在 2020 年收集了國內外一百多個區塊鏈應用的案例，區塊鏈的應用解決了數據安全、醫療（病歷、藥歷）、保險、農業溯源、農民貸款、難民、販賣人口、教育、融資、信用狀、司法、物流、酒、林木盜伐、非法童工、兒童養營午餐、慈善捐款、捐書、租車、飛機零件、學歷真偽、著作確權、黃牛票、藝術創作、公司營業申請、不動產、車禍、二手車、軍火、基因檢測、漁業、投票、飯店訂房系統、政府機關無字化…. 等。

區塊鏈把我們的數據使用權還給我們，而不是讓大企業拿去賣錢，跟我們都沒有關係、應用區塊鏈的沒有雙花的問題，讓訂房系統不會重覆和超訂房，系統也省了 96% 的費用、北醫運用區塊鏈，可以將我們的病歷帶著走、林務局防止山老鼠的盜伐、小農應用區塊鏈的技術將台灣稻米送到教宗的餐桌，在我們生活區塊鏈扮演著非常重要的角色。

我也於 2021 年 4 月送件內政部申請中華亞太區塊鏈應用推廣協會，主要是推廣跟我們息息相關的數據安全，互聯網的底層協議 HTTP 是中心化存儲：下載慢、成本高、系統易崩潰和容易受到 DDos 駭客攻擊；IPFS 是去中心化分佈式存儲：它將帶來數據更安全（數據不用怕被駭客盜取、下載更快、成本更底、也讓我們數據永遠存在鏈上。5G 區的時代到來，檔案只會越來越多越大，IPFS 去中心化分佈式存儲區塊鏈激勵層 Filecoin 扮演著非常重要的角色，我們如何讓人類的訊息永存在鏈上，就是靠著區塊鏈應用 3.0IPFS 分佈式存儲解決駭客的問題！

　　錯過區塊鏈 不是錯過一個技術 而是錯過一個時代

　　台灣區塊鏈應用影片：

　　區塊鏈應用 - 台東池上稻田神之米 因區塊鏈躍上國際的金黃稻田｜ https://www.youtube.com/watch?v=xzT15fbwjdM

　　區塊鏈應用 - 食品安全 _ 溯源

https://youtu.be/UfWtXObp7RY

　　區塊鏈導入！外銷香蕉出口日本逾 500 噸

https://youtu.be/YRlmXb8YdKI

　　區塊鏈應用 - 北醫將病歷帶著走

https://youtu.be/4VlBy77UGv8

　　區塊鏈應用 - 國泰人壽 - 保險理賠

https://youtu.be/gk-rPMCLZow

　　區塊鏈應用 - 新北市打造智能衛生所

https://youtu.be/nbN9BHVsuS8

　　區塊鏈應用 - 長照機構 - 類信託

https://youtu.be/xEKSh1Q3uqc

　　區塊鏈應用 - 支付 - 替公司省下 30% 的費用

https://youtu.be/GCOosEIEQkU

亞太區塊鏈應用推廣協會 FB

2018 年 3 月 21 日　　　2019 年 7 月 2 日

與以太幣創辦人 V 神合影與幣安創辦人

趙長朋鵬合影

學習，是成長的開始……

東森全球新連鎖總監／陳家慧

　　還記得當初我也是到處上課，學習社群行銷以及各種財經的知識。於是乎，在一個機緣巧合之下加了 Aaron 為好友，進而在我的魔法行銷學園中認識了～ Aaron。

　　在這個資訊爆炸的時代，手機和網路的快速崛起，我們每天不斷的接受來自各方新的訊息和知識，特別是投資理財的工具更是推陳出新，像是區塊鏈和比特幣………的虛擬，都是以前從未見過的投資工具。

　　然而投資自己的大腦比投資任何東西都還值得，這就是我在 Aaron 身上看到的成果，在過去一年中，他透過不斷的自我學習和不斷的自我努力，認真的在投資理財的這塊領域中壯大自己，終於在今天能夠看到它開花結果。

　　本書就如同是財經領域的一塊瑰寶，閱讀本書除了能夠讓自己學會更多投資理財的知識和技巧之外，更可以明白資訊的落差就是財富的落差；如何快速掌握最新的資訊，走在時代的尖端，進而把握每一個賺錢的機會，跟著趨勢並順勢而為，就可以快速累積自己的資產。

　　如果你還在投資的領域中摸索，如果你還在理財的茫茫大海中尋覓方向，這本書無疑就是你學習的敲門磚。透過本書淺顯易懂的教學方法和技巧，尋找一個適合自己的投資工具來操作，假以時日，我相信人人都可以打開自己的財富鑰匙，讓自己的財務自由就如同呼吸般的自然，並達到自己心裡理想中的財富目標。

陳家慧 0955564670

500 元禮卷 (A版 100 張)

　　歡迎與我聯絡 ~ 東森全球新連鎖總監／陳家慧

如果說善良是種選擇，那詩元願意透過自身力量幫助你我身邊更多的人。生命有限，我們不該陷入窮忙，理財投資永遠是這一生必須學習的課題，唯有找到適合自己個性及可承受風險的理財工具，我們才能更游刃有餘的規劃具體短，中，長期的目標並釐清前途的方向。如何管理現金流？何謂價值投資？學習投資的目的是讓我們手裡擁有更多可選擇的工具來創造財富。

其實室內裝修設計與投資理財在想法上也如出一轍，你看當預算無上限時，想使用什麼材料，傢俱，當然都可以完成，但前提是，要有充沛足夠的資金。那在資金有限，尤其疫情當前，大家荷包緊縮的情況下，設計師如何在有限的預算內賦予一間房子無限的可能？這就如同投資理財，運用手裡有限的資金，審慎規劃個人的目標，分析每個選擇下的利弊做出取捨，最終找到最適合自己的投資理財方式。

期待這本書能為您帶來心靈與生活上的富足和成長，最後，善良是種選擇，願你我都能藉由自身力量，專業知識，幫助到更多人。

涵瑜

冉涵渝 設計師

雅格室內裝修設計工作室 創辦人

建築物室內裝修專業技術人員登記證

建築物室內裝修業登記證實踐大學師資證

建築物設置無障礙設施設備勘檢人員培訓講習結業證書

https://line.me/ti/p/_w62C1myTq

請加我的 LINE

拾之型

馬上行動！建構及執行自己的財富自由計劃！（先附上 SOP 流程圖，順序清楚）

　　當我聽到 Aaron(陳詩元 先生) 跟我說他要寫書、出書，甚至有自己開班授課的計畫時，我心想「這個人在想什麼？可能只是說說而已也不在去多想」，當我收到 Aaron 邀請我寫分享的時候，我才意識到他是玩真的，一位在科技公司擔任業務經理，有 2 個小孩子需要照顧的情況之下，願意去外面參加許多課程學理財、投資，還願意把自己花錢所學到的知識、心得透過書面來分享給大家，不容易，真的不容易。Aaron 在我面前上演了一場堪稱中年男子的完美逆襲，哇賽！我真的覺得很酷！

　　我原本在一間日本企業任職，也當到了台灣區最高主管，但還是對於未來的職涯、家庭生活、房價、台灣經濟等大環境的變遷充滿許多無力感，深刻體會到光靠職場的單一收入是不足的，因此也才能認同 Aaron 願意將自己所學的理財、投資規劃等知識是對他自己本身及社會是有所貢獻的想法及理念。

　　即便我對 Aaron 陳先生出書的理念給予贊同及支持，但在這充滿許許多多投資

　　理財工具及課程的社會之中，讀這本書的人們也需要自己去研究、做功課自己所要選擇的投資標的之內容及本質為何？避免掉入人云亦云失去自己的主張跟思考，這在投資理財方面是非常重要的一點，也藉此跟大家分享。

　　承上，看到 Aaron 這麼積極且踏實的追逐自己夢想的同時，我或許也受到他的影響，因此我也經過掙扎、跟漫長思考，最

後決定離開原本的公司自行創業。目前從事服飾業，在蝦皮上面開設賣場，主要販售女性服飾包含上衣、牛仔褲等產品，正在努力開創出人生的新里程碑。各位讀者有興趣歡迎至蝦皮搜尋「Infuse」賣場，砍掉重練，從零開始是需要很大的勇氣對吧？

最後希望各位讀者透過閱讀 Aaron 的書籍，為你們的生活帶來更好、更正面的改變，更重要的是需要「執行」。「執行力」將會是今後拉開人與人之間差距的重要能力，透過「對於自己設定之目標的執行」才有機會改變自己以下所處的環境，「拖延」只會趨於平凡，與各位共勉之。

蝦皮搜尋【Infuse】，或者透過下方連結看看男性砍掉重練從零開始經營的女裝賣場吧！

連結：https://shopee.tw/ppn9qgr_9u

✔ 陳啓皇(Jerry)

✔ 前日本企業台灣協理(5年半從業務升協理，公司最快紀錄)

✔ 文藻‧輔仁大學校友

✔ 砍掉重練現任Infuse經理人

Infuse
Suitable
Valuable
Fashionable

愛因斯坦說過：「複利是世界第八大奇蹟」由此可見複利的威力比原子彈還可怕！

那麼在愛因斯坦的世界，前7大奇蹟是什麼？答案是：建築。

埃及金字塔、奧林匹亞宙斯巨像、阿緹蜜斯神廟、摩索拉斯陵墓、亞歷山大燈塔、巴比倫空中花園、羅德港巨人雕像。愛因斯坦用這些巨大而長遠的歷史建築來對比他口中的第八奇蹟，可想而知"複利"在愛因斯坦的心中佔有多大的地位。

巴菲特說過一句話「人生就像滾雪球，你只要找到濕的雪，和很長的坡道，雪球就會越滾越大」。

其中坡道指的是時間，在人的生命中時間不會停止，所以愈早投資愈好。

夠濕的雪就是找到相當的報酬率，時間＋複利正確的投資理財思維，可以讓普通的上班族也能享有退休優渥的生活。

還記得第一次見到 Aaron 老師是在資產翻倍計畫課堂上碰面，雖說在認識之前就已經在 Fintech 科技金融投理理財相關方面早已久仰 Aaron 老師的大名，直到真正見面後才發現他的名氣都遠不及他過人的知識與其個性，從那時便是真正認識了他。

　　Aaron 老師在上市科技大廠擔任高階主管期間，向多位投資大師淺心研究於 Fintech 科技金融投資，並也將畢身積蓄投入 Fintech 科技金融實踐財富自由。

　　當我聽到了他要出書，便立刻明白他這本書內容之珍貴，可說是集投資理財之大成，Aaron 老師希望透過 Fintech 科技金融幫助人讓錢在安全之下享受增值 + 複利讓來的獲利，也期許讀完這本書後，不會再讓錢躺在銀行，開始實現要讓錢幫我們飛一下，試著體驗當有錢人的滋味。

　　我在認識他之前也是會研究 Fintech 科技金融理財工具，也多虧了 Aaron 老師適時提醒我投資領域思維想法，帶領著我走出自己舒適的圈圈也讓我現在更輕鬆自在生活，真正的享受原來有錢人就是讓錢幫忙賺錢的道理。

婕媚兒國際有限公司

　　總監 黃建榮

　　FB: 婕媚兒國際美學學院

一次機緣聽 Aaron (陳詩元 先生) 分享他以往參加許多課程學理財、投資等，無私的將自己花錢所學到的知識、心得，以自我經驗，融會貫通後透過書面化讓更多人有機會了解，真的是大愛的發揮，讓人欽佩及值得學習。

我一直在資訊業者從事數據分析及數據科學研究二十多年，隨著科技發達與技術成熟，市面上相關分析工具越來越多，從以往需要有數理統計背景到現在只要會使用 Excel 就可上手，讓我興起如何幫助到更多一人可以輕鬆簡單上手，只要將想了解自己的投資是否有效、每月那些花費最多與佔比如何？若是業務可以了解自己的重點客戶是那些人貢獻各多少？那些產品是熱銷？客戶購買行為等，只要將相關資料填入 Excel 或已經有存在資料庫，皆可透過 Power BI 告訴你，以往發生什麼事？目前正在進行的重點？甚至可透過存在數據啟發你未來可能機會。

也希望透過 Aaron 的書，充實自己的財商知識，並可以跟好友們分享，這也是疫情期間大家可以給親朋好友正向積極的好禮物哦，祝福 Aaron 書籍大賣，另優惠方案提供給讀者，

方案一、原營運模組（資料來源：Excel）五仟元現優惠給讀者只要二仟元，請讀者先準備以下資料

1. Excel 資料，包含：

✔顧客交易資料，包含客戶、產品、成交數量及成交金額

    ✔客戶基本資料：客戶所在地區、類別

    ✔產品基本資料：產品大類、小類、定價、成本

2. 營運模組包含：

  (1)營運總覽：日銷售額、日毛利、月銷售額、月毛利、客戶消漲趨勢及產品消漲趨勢分析

  (2)客戶明細分析：前十大客戶貢獻、客戶購物行為分析

  (3)產品明細分析：前十大產品貢獻、產品交易明細分析

    方案二、個人投資及消費分析，原價二仟，現優惠伍佰，請讀者先準備以下資料

1. Excel 資料，包含：

    ✔個人投資項目：投資日期、項目大類、項目名稱、投資原金額、目前金額

    ✔個人收支：日期、收支類（屬於收入或支出）、類別、項目、金額

2. 個人分析模組包含：

    ✔總覽：前五大投資收益、前五大花費項目分佈

    ✔投資明細分析

    ✔消費明細分析

    顧客交易資料，包含客戶、產品、成交數量及成交金額

    若大家對自己的顧客或投資想更進一步了解，也歡迎與我連絡，以下是我的連絡資訊：

Line： 微信：

個人簡介

- 中山大學資管研究所畢業

- 30年資訊應用經驗

- 20年多商業決策應用分析經驗

- 5年多智慧製造應用分析經驗

- 智慧製造中良率預測、保修預測及排程模擬規劃及建置Data Mining專案規劃、實作、導入與教育訓練

- BI 規劃與實作

- 協助產學合作廠商輔導及規劃申請政府補助方案

- ERP系統導入、教育訓練及專案Leader

很高興看到好友 Aaron Chen 用很短的時間，完成了財富自由？？？這本書，他的起心動念，是希望大家都可以有很好的財富管理課程可以上，所有他推薦的課程，都是他自己上過，覺得對大家有幫助的，可以減少讀者自己摸索的時間，甚至於可以直接去除自己亂報名被騙的疑慮。

我是因為從傳統媒體離開，投入自媒體跟身心靈服務後，才開始感受到財富風險分散的重要，報名相關課程後，不但從課堂上老師介紹的投資平台安全獲利，也認識了這位充滿幹勁，即知即行的陳詩元，常常我們一起分享好的投資工具，並且為彼此加油打氣。

我曾是東森財經台小資理財節目「夢想街 57 號」的節目製作人之一，現在則轉行從事寵物溝通、塔羅密碼跟潛意識投射卡帶領師工作，並且無法忘情於媒體，開設【耳朵經濟 Podcast 爆發！讓您從小白到變現思維一手包】手把手課程，還身兼一對一聲音優化教練工作。

斜槓這麼多元，無非就是感受到傳統行業隨時都有被市場淘汰的一天，或者繼續留在職場，與其每天擔心資深身分會成為公司愛用新人的絆腳石，不如及早懂得被動收入、財富管理之道，自己當自己老闆，才能與時俱進，實踐找工作不如找收入的理念。

【耳朵經濟 Podcast 爆發！從錄製小白到變現思維一手包】手把手課程：

1. 掌握台灣 podcast 趨勢

2. 定位自己的 podcast 調性，培養自己跨出第一步的心理藍圖

3. 了解 podcast 現階段變現模式

4. 了解如何掌握自己的聲音

5. 了解如何錄製跟剪接後製自己的節目

6. 增加耳朵經濟或建立個人專業形象，增加自己的影響力

財富流沙盤

　　"多算勝，少算不勝，而況於無算乎？"————< 孫子兵法 >

　　很開心能遇見正在閱讀這本書的你，也感謝 Aaron 出了這本書，讓這本書提供給讀者最高的價值。

　　我是吳剛，目前從事財富流教練，先來說說為什麼會想要給自己這個教娛工作者的身份吧！在幾年前因為經歷了一些不成熟的投資案與其說不成熟，不如說自己沒有財商這方面的知識，就一頭熱的盲目跟著亂投資一通，想當初為了投資還貸款出了一大筆資金出來運用，結果可想而知肯定是慘賠收場，然後開始扛了一大筆的債務這時候的我滿腦子想著的都是為什麼朋友要欺騙我，為什麼我最相信的人會做出傷害我的事等等等…負面想法洶湧而來，這時候我的人生逆流就出現了，每當出現繳交的貸款通知我的那段記憶又出現了，始終無法忘記，就這樣痛苦無限的輪迴，而自從開始接觸財富流沙盤之後，我透過沙盤的推演，進而覺察到了每件事情的真相是什麼，背後帶來的意義是什麼！也透過財富流沙盤，學習到財商、玩商、逆商、覺商、健商，經過一次次的推演，讓我學習到身處逆境的時候該用什麼方式去解決，也讓我了解為什麼古代打仗的時候要做沙盤推演，而不是直接上戰場去打殺，就是因為勝算啊！透過沙盤推演把不可行的留在沙盤上，把可行帶入戰術中進而取得最大的勝算率！就像人生不能重來的就是時間，相信大家都聽過"來自星星的你"這部劇吧！都敏俊為什麼一開場就這麼的有錢？原因是在於他活了非常的久，所以他了解這個本質及規律，造就了他可以去創造財富，試想如果你也能活的這麼久，那你的思維、想法是不是就跟別人不同？而財富流沙盤就是這個概念，讓你可以在財富流沙盤上推演的錯誤就把它留在沙盤裡，把智慧帶到生活中去運用！這樣是不是就可以少走非常多的冤枉路呢？

我也聽過很多人分享說：如果這一輩子只推薦一款桌遊，那無庸置疑的就是財富流沙盤！太棒了！

最後想要跟你分享個好消息！！！

你是因為看了這本書而來體驗財富流沙盤，那就加入以下Line 帳號或是微信帳號後，跟我說你在 Aaron 的書籍裡面得知財富流沙盤，要來體驗，會享有體驗優惠價！！！

Line ID：close12123

微信：close12123

喜見好朋友 Aaron 詩元要出書了 -「全集中～財富自由的呼吸法！」。

看書名就知道 Aaron 在通往財務自由的路上必定經歷了各種的修練與歷練，方能抵擋並砍殺（？）市場上不斷出現的金融吸血鬼 XD…存活下來！

跟 Aaron 是在一個線上讀書會社群認識的，經過一陣子的閱讀心得分享交流之後得知他在上市科技公司擔任業務經理、工作應該非常忙碌，他又非常熱愛學習 & 分享而且是個理財投資的老手…，2020 年他經歷股市熔斷、雖元氣大傷影響了原本的財務佈局，但他就像鬼滅之刃主人公 - 炭治郎一樣毫不灰心、痛定思痛之後再次投入金錢與時間重新學習、鍛鍊自己的財務心智 & 執行力並且使財務體質快速恢復到極佳的程度！

更令人佩服的是 Aaron 的胸懷與理念，獲得財務自由後、他願意分享修煉後的財務自由呼吸法的壹之型～拾伍之型，提供給我們這本實務工具書、讓上班族 & 一般人危機時期不致於心慌意亂、無所適從，靜下心來好好重建自己的財務 IQ。

我們在幾個方面頗相似，有良好的閱讀習慣也熱愛分享、願意投資時間 & 金錢去學習理財投資、我們都願意努力讓家人有更好的生活，工作事業方面我們都抱持開放心智去擁抱多元的職場角色，樂於提供含金量極高的經驗、知識 & 服務給我們的朋友及大眾，極大化我們的市場價值 & 能力！

不管你是上班族、SOHO 或是中小企業的老闆，只要你覺察到自己的時間、金錢跟身體都是受到限制的感覺就應該閱讀本書，開始打造自己的正向現金流渠道！曾有一句古話說：「書中自有黃金屋」，手握好書的你不要輕易錯過這個升級自己頭腦的學習機會！

David Lin，自由工作者

網路營銷：

自由聯盟 - 成員、

神者聯盟 - 成員、

流量商學院 - 企劃執行、

生活創業家 - 天漢生活網。

線下服務：

藝術投資顧問、

財務建築師整體財務顧問、

多媒體行銷規劃（臉書、

IG、TIKTOK、影片企劃製作、

網頁設計等）。

認識 Aaron Chen 是因為那天他要拍攝作品封面造型照，我是他邀請的妝髮造型師，第一次見面，便感覺 Aaron 先生對待事情態度的認真，而且他風趣幽默、非常健談、正能量滿戴，談話中得知他從虧損 100 萬到轉變成被動收入每月 5 萬元以上，這段路想必是艱辛的走來，而且 Aaron 先生有着一個偉大夢想，就是要在非洲建一所學校！但以一個普通打工仔來說，能夠如可做到呢？

IG / FB 關鍵字搜尋：
KISEKI MAKEUP Beauty 奇跡美學

Aaron 先生把以往穫利與虧損的經驗、及投放了 20 萬到處拜師得來的精髓，精心研究了一套賺錢秘笈，教人如何在投資上穫利，增加每月穩定

KISEKI BEAUTY
JAPAN MAKEUP ASSOCIATION ACCREDITED SALON

的被動收入！對一個投資觸角微弱的我，實在期待着這書的面世＝非常喜歡 Aaron 在群組上分享很棒的文章和資訊＝

我的本業是一位經驗豐富的半永久紋繡老師，同時是美甲和彩妝造型師，在與夥伴們一起經營「奇跡美學造型學院 KISEKI Makeup beauty」，我們有差不多 20 年經驗的首席日系彩妝造型小羽老師、和十多年經驗豐富的美甲達人 Hayli 老師，一起期待 Aaron 在投資水上策略的分享！

大家好，我是小 M 老師，本名江兆君，在網路行銷上已經有２８年以上的經驗了，對於投資理財也有相當涉獵，因為早在２８歲時就能財富自由過著半退休的生活，近年來因為找到人生的新目標，投入在教育培訓事業。

欣聞 Aaron 同學出書並且是自費出版，心裏十分佩服這份勇氣，我自己出了兩本書，這過程的辛苦跟挑戰自有豐富的經驗，在目前這個出版業不斷衰退的環境下，出書是對自己推廣能力一項很大的考驗，我也樂見有更多後進能夠讓出版市場更活躍，讓更多新人了解到出書所能帶來的各種自我行銷上的價值。

與 Aaron 結緣自學習群組，一開始只是同學，後來輾轉與 Aaron 成為師生，甚至成為合作夥伴，不敢相信這都在一個月的時間內發生。我想這就是緣份，因為同頻的人自然會互相吸引，我們都有共同的使命感跟目標，都希望把自己驗證確實有效的技術，心法，經驗做成培訓課程教給別人。

經過幾次交流得知 Aaron 專精在最新的金融科技，不只是金融上的創新，還可以分散風險，對於其中的報酬率跟穩定性我也甚感驚訝，原來還有這麼多新的理財工具。台灣人的金融理財工具不遠隔壁的香港國際金融中心，我在理財上也一直很苦惱，能選擇的專業工具有限，而且大部分的工具手續費都很高，扣除了費用，報酬率往往不甚滿意。因此我個人偏好在海外投資，尤其對美股市場研究甚深，也有相當優異的績效。但對於理財投資這個領域充滿學習動力跟好奇的我，更期待能從 Aaron 的經驗中也能得到更多情報，自己用生命跟資金去磨不如找一個經驗豐富的老手帶路，因為投資路上的坑跟陷阱太多了，我個人失敗的經驗也非常多，我寧可花學費在找明師學習也不要自己去摸索，這個代價太大，在台灣能不被騙就成功一半了。

希望藉由本書能夠連結更多有共同理念跟興趣的新朋友，歡迎連結我的網站，了解我更多的資訊，另外也祝福 Aaron 這次出書能夠大獲成功。

掃描 QR CODE 獲取更多行銷資訊

個人網站 :http://maxchiang.com

與陳詩元 (Aaron) 相遇是在某個教塑造個人品牌的 Line 群組，因為有些投資上的問題特別私訓他請教，Aaron 不僅沒有拒絕一個陌生人突然的問題，還熱心的做了具體而詳盡的回答，並且還提供相當多的資料可以進一步研究，讓我對 Aaron 留下深刻印象，而且就這樣兩個人就成為所謂的網友或 Line 友，又由於雙方過往的工作背景都非常類似，所以往後的日子裡，交換了很多個人心得與想法，彼此都獲益匪淺．

後來又得知 Aaron 想要出書，而且是關於投資理財，所以對於他又更刮目相看，因為出書是一個人專業的展現，必定是在某些領域有著過人的心得所以才敢於出書，

而拜讀書的內容由基本觀念入手 介紹資本主義、現金流的概念，引申出價值投資、傳統投資工具的理解，再到現代金融科技、區塊鏈、虛擬幣的運用，最後打造個人投資藍圖 創造穩健的退休規劃為終極的目標．相信不管你是初出茅廬的投資菜鳥或是縱橫投資領域許久的識途老馬，Aaron 的書都會帶給你更寬廣的視野，讓您一窺投資理財的宇宙奧秘，獲得更豐盛的報酬．

我與 Aaron 的背景都是在外商工作，都有高於平均還算不錯的收入，但都面臨到中年的危機與壓力，所以都亟思突破，或許兩個人都有相同的不甘於現狀的個性 Aaron 的方式是出書與教學，而我則投入於飲料店的紅海市場還有最近的金融科技平台．都跟自己原本的專業差距很遠，如此的斜槓千里，中年大

叔的小打小鬧，或許也能在世界上掀起一點點的波痕，證明曾經 我來過 我努力過 我存在過吧！

2017 年在大學損友同學的慫恿與相害還有友情出資的情況下，一頭進入手搖飲料店的世界，而且還不是加盟，而是自創品牌 北茶屋，一開始真是慘淡經營阿，連續三年都是虧損，但在家人的支持還有不想要讓人看衰的心情下，還是咬牙苦撐，終於在第四年開始有了一點盈餘，誰知 2020 年又遭逢世紀疫情 COVID-19 肆虐，本想大概難逃一劫，但奇怪的，你努力經營苦撐過某個點之後，生意就不太會再掉下去了，結果 2020 年的生意還創新高，也就更有信心再持續下去 . 這邊要感謝老顧客與親朋好友，街坊鄰居的鼓勵還有待過這家店的員工們，這家店已經不是為了自己，而是為了你們而存在，賺錢的店很多，但有溫度，有人情味的店不多，我們是以此為自居的 . 另外這家店還有有無敵可愛的貓主子，當你有什麼心情鬱悶難排解，就來北茶屋吧，沒有什麼是不能靠吸貓來解決的，如果有，那就加上嚕貓吧！

2020 年以來的疫情雖然大部分時間都是苦悶難熬的，但也有好處，那就是有藉口不能離開鬼島去出差，老闆算是愛學習的人，但過往因為常常要出門，學習不喜歡被打斷，也就都放棄了，突然之間有著大把時間不用出差，不利用怎麼可以，所以就密集的報名很多課程去上，如果年輕的時候有這種學習熱誠，可能就不是只有碩士 而去拿博士了，往事只能回味，摩根費里曼在刺激 1995 對假釋官說 對那個年輕愚蠢 做事不用大腦的傢伙，我想跟他談談，講點道理，讓他明白這個世界是怎麼回事，但是我辦不到，那個年輕傢伙早就已經不在，只剩下這個糟老頭，我得接受現實 ------ 是的，我得接受現實，然後繼續走下去，刺激 1995 另外的名字叫肖申克的救贖，我或許也可以拍部電影叫做刺激 2020 老闆的救贖，只是沒人要看而已．

　　透過一連串的學習，夙夜匪懈，不眠不休，學了不少，但通通都還給老師了，唉，電影是真的，我得接受現實，你以為你現在裝認真，就可以考試 100 分？ 但畢竟出社會跟學校不太一樣，就是學習是不用考試的，廢話，你老師他媽的敢考我，你學費是不想收了 是不是？ 但既然都花了錢，雖然對腦袋幫助不大，還是要有一點點的回收，那就是你認識了一群愛學習的同學，通常肯花錢學習的人都有個特質，就是人傻錢多，不是啦，就是至少都是有在認真思考未來的人，也就透過同學認識了富囯（音同國）數位融資媒合商購平台，這是一個很新的平台，創辦人秦世誠老師 參加過各項創業比賽，由政府舉辦，中國舉辦，乃至國際性的比賽都拿過大獎，在金融科技方面也很深而且獨到的理解，平台裡面從各樣貸款，政府補助，各項計劃案撰寫，募資與融資，不動產媒合，若您想一窺金融與科技如何完美整合的世界，歡迎您與 Joe 聯絡 來了解富囯數位融資商購平台

北茶屋

https://www.facebook.com/NorthTeaHouse.club

富囯

https://www.facebook.com/fugo.knight.digital.

financing

Joe 聯繫方式 : Line ID : yanganpig

E-mail: yanganpig@gmail.com

鄭敏爵 (Joe) 個人簡歷

化學工程研究所畢業

國內電子廠 10 年 (派駐大陸 4 年)

外商電子公司 11 年 (仍在職)

貓奴 25 年 (養過 9 隻貓，現在還是 3 隻貓的榮譽鏟屎官)

北茶屋飲料店老闆 4 年

富囯數位融資媒合商購平台 代理商 1 年

大家好，我是一名網路行銷老師 葉繁芸 Ivy（艾薇老師）

與 詩元 是在 Facebook 臉書上認識的

在彼此不熟悉的狀況下，他就決定報名我的網路行銷課程，

我因為他的熱愛學習而對他印象深刻

後來，因為他在我的付費學習群組中，常常跟我有互動，

也會主動要分擔我的工作

甚至參加我的很多特別輔導專案

讓我發現他是一個很有想法，主動積極的好學生

聽到 詩元 要出書，當然為他非常的開心

他分享的海星的故事，讓我非常的感動

剛好這個故事，也是我之前在做保險時，常常跟客戶分享的故事

雖然海星救不完，但救一個是一個

只要有緣，就會被我們救起來

看到他把這幾年來的投資理財心得都寫在書中，與讀者分享

真的是非常的大器與無私的分享

這個書名更是與我的理念很相近

我常跟學生分享，只要你願意開始＋行動，網路行銷就像呼吸一樣簡單

全集中！財富自由的呼吸法！

只要你把這本書看完，融會貫通，也代表 財富自由就像呼

吸一樣簡單

　　在此預祝詩元的書能大賣

　　讓更多有緣人，有福氣的人，能看到這

本書

艾薇老師的 Line 2.0 官方帳號：@fgb3068l

我的個人網站：http://readyflygo.com/

我的 FB：https://www.facebook.com/ivyyeh.seo/

我的 IG：https://www.instagram.com/iamivy0208

我的 Youtube：https://www.youtube.com/channel/UCZAKNh8Kqwrtg_RjoFHTk_w

流量商學院創辦人

　　資訊業 10 年

　　7 年保險經驗

　　6 年組織經驗

　　12 年網路行銷

　　流量商學院 創辦人

　　艾薇行銷 創辦人

　　好利 HI 平台 創始合夥人

　　豐森消費平台 資深合夥人

手機教學協會 副理事長

富足家學苑 特約講師

台灣獅子大學 特約講師

Listen 線上學習平台 特約講師

網路行銷變現專家

加我 FB 好友，或是 Line 官方帳號

通關密語：我是詩元的讀者

就送你艾薇老師親自錄製 30 秒製作自己專屬的貼圖線上課程

　　我跟 Aaron 是在一個教網路行銷以及 LINE 社群經營的群組認識，當時看到 Aaron 的自我介紹時，真心覺得他是一個從死裡復活的榜樣，從每日虧損到能夠開始開始每月都有固定被動式收入，真的是很令人振奮。在生活中打理好自己，在家庭是個好爸爸的角色，在工作上是個積極向上的真男人！重點是 Aaron 毫不私藏的將他的一生怎麼走的、怎麼投資、怎麼跌倒爬起來，都寫在這本書上，很榮幸 Aaron 邀請我來寫分享，相信這本書一定會給您帶來更多的啟發，成為生命中的寶典。

　　我是吳岳軒 (Xuan)，是個走歪的斜槓青年，不務正業的從精密航太到攝影、網路行銷、互動式動畫遊戲企劃、策展最後來到影像行銷企劃，走過很多的行業，雖然經歷豐富，但是收入卻沒有大大增加，也知道現今社會單靠單一收入是不行的，所以開始研究投資，有研究過儲蓄險、股票、外匯、期貨等等，但還是沒找到屬於自己的投資商品，所以當我遇到 Aaron，聽他的分享，就決定要好好跟 Aaron 一起學習，從他的經歷中，找到屬於自己的投資方式，並且邁向財富自由，有更多的時間陪伴自己愛的人以及回饋這社會。

　　我有正職的工作，一邊找尋可以發展的副業或是創業機會，曾經跟夥伴合夥過，但大多數都是不了了之，所以在這條路上也是跌跌撞撞，後來在機緣下，發現 LINE 電子名片的趨勢，

LINE 在 2021 年統計總共超出 2 億的使用人數，這是一個很大的商機，便開始去研究 LINE 電子名片，經過一段時間的開發與努力，終於研究出 LINE 電子名片。

在疫情嚴峻下，一般傳統面對面發送自己的名片變得更加不易，網路上也是有很多名片的 APP，但是需要額外在手機上下載 APP，變得不是那麼便利，這時 LINE 電子名片的出現，解決了以上的問題。LINE 電子名片成為了一個趨勢，不但美觀，功能又很齊全，就像是個人行動小型網頁，只要有 LINE 到處都可以發送，發送到好友、群組，甚至是最新的 LINE 社群，進行陌生開發。

LINE 電子名片的功能相當的多元，除了一般的電話、Eamil 之外，還可以放置網站、網頁連結、FB、IG、Youtube、Google 導航、抖音、LINE@... 相當多的功能，都可以一鍵按鈕開啟連結，甚至也可以加上聯盟行銷的助力下，讓你的業務更加曝光。

現在起你可以隨時分享你的個性化 LINE 電子名片，讓對方在最短時間內認識你的職業、專長及公司的業務內容。你想迅速拓展人脈，倍增個人的財富，就從擁有一張吸睛的 LINE 電子名片開始！

百萬年收的理財科技人
Aaron

經歷
| 某上市科技公司/業務經理
| 23年IT產業工作經驗
| 15年理財投資經驗
| MBC天使俱樂部/天使投資人
| 亞太區塊鏈應用推廣協會/發起人
| 台灣金隆科技/策略合作伙伴
| 全球魔法講盟/區塊鏈認證講師
| 派網Pionex/城市經理人
| 好葉學院/推廣合作伙伴

我如何從新增100萬
轉變成被動收入每月5萬以上！？

加入LINE

全集中！
財富自由的呼吸法！

官方網站

Facebook

Instagram

理財投資成長營社群

陳韋霖

社群大補丸

社群營銷達建人
個人網站
揭密變現之道
社群營銷線上課程
成為LINE社群營銷達人
社群營銷實戰寶典
吸取粉絲裂變到成交
免費下載吸粉寶典

LINE社群

教你如何在線上作網購
商業銷講的秘訣
教你怎麼寫出吸心文案
控心文案七堂課
理財投資的天地
金融關係社群
讓社群成為你的粉絲
LINE群營銷實戰型

影音專區

韋霖老師專訪
漢聲電台專訪
社群營銷範例
韋霖老師個人傾選
LINE社群我最行
HAMI書城專訪

聯盟行銷專區

LINE行銷最佳利器
LINE電子名片
打造吸粉神器
LINE官方帳號吸粉設計
輸入序號: CWLCWL
啟�動網路創業潮
LINE商聯盟行銷商機

想要看更多案例或是有需要為你服務的地方請加入
LINE，將會有更詳細的說明。

在這兩年疫情下，很多產業受到影響，無法撐下去的，就關門歇業，波及無數人及家庭生計。另一方面，看到身邊投資理財得宜的朋友，影響不大，依舊安然生活。這場疫情，考驗著每個人的「財務免疫力」。如何和金錢當好朋友；如何留住它；如何讓它替我們工作；如何善用它，讓它發揮最大的價值；是個值得研究的課題。

在一個學習的機會下，認識了 Aaron。每每看到他的發言，總能感受到他是個熱情、開朗的人，就像是和煦的暖陽一般。很高興能看到 Aaron 理財書的誕生，分享著他在理財上跌了一跤到後來的逆轉勝經驗。Aaron 在理財的歷程，雖然一開始的獲利，到後來因疫情關係而大賠，進而反思應該能有更好的做法，並尋求之，而達到現在穩健的被動收入。因為走過而有感，決定出書來幫助更多人能夠找到第二份以上的收入。

Aaron 在 8 年前認養一個非洲的女兒，而有了一個夢想：在她的國家蓋造一所小學，造福更多的孩子。

對於他這樣的發心和愛心，感到敬佩和讚嘆！世界也因為這樣暖心的人事物而愈來愈美好～人有善願，天必從之；衷心祝福、相信 Aaron 一定可以達成夢想！

除了財務免疫力，身體的免疫力也是相當重要。身體自然是需要新鮮、天然的食物來滋養。重林餅舖秉持著四十年手作工藝製做山東大餅，嚴選食材，新鮮製作，如此用心守護的好味道，絕對值得您品嚐回味！

重林餅舖 Debby

www.huang-lee.com

國家圖書館出版品預行編目資料

全集中！財富自由的呼吸法！／陳詩元編著. --
初版.--臺北市：天使亞倫有限公司，2021.10
　　面；　公分
　ISBN 978-626-95131-0-9（平裝）

1.投資 2.理財

563　　　　　　　　　　　　110015262

全集中！財富自由的呼吸法！

編　　　者　陳詩元

校　　　對　陳詩元

發 行 人　陳詩元

出　　　版　天使亞倫有限公司
　　　　　　104台北市中山區南京東路2段150號5樓
　　　　　　電話(02)25171598

設計編印　白象文化事業有限公司
　　　　　　專案主編：張輝潭　　經紀人：徐錦淳
　　　　　　特約設計：白淑麗

經銷代理　白象文化事業有限公司
　　　　　　412台中市大里區科技路1號8樓之2（台中軟體園區）
　　　　　　出版專線：（04）2496-5995　　傳真：（04）2496-9901
　　　　　　401台中市東區和平街228巷44號（經銷部）
　　　　　　購書專線：（04）2220-8589　　傳真：（04）2220-8505

印　　　刷　基盛印刷工場

初版一刷　2021 年 10 月

定　　　價　350 元

白象文化　印書小舖　出版・經銷・宣傳・設計

www·ElephantWhite·com·tw　f 自費出版的領導者　購書 白象文化生活館